DESCUBRE
EL PODER DEL SILENCIO

CONFERENCIAS

Por
Neville Goddard
Imaginatio Divina Media

Publicado en 2024 por Imaginatio Divina Media.

Sitio web: www.imaginatiodivinamedia.com

DESCUBRE EL PODER DEL SILENCIO (CONFERENCIAS).

ISBN: 979-8-3306-0062-5

Contenido

DESCUBRE EL PODER DEL SILENCIO

Contenido

IMAGINAR ES CREAR

TODAS LAS COSAS SON POSIBLES

CRÉELO EN TU INTERIOR

CÓMO USAR TU IMAGINACIÓN

CAMBIANDO EL SENTIMIENTO DEL YO

EL PODER LLAMADO "LA LEY"

ORDENA TUS CONVERSACIONES RECTAMENTE

EL JUEGO DE LA VIDA

EL GRAN SECRETO

ESTADOS INFINITOS

TEMAS CLAVE

CONCLUSIÓN

PLAN DE ACCIÓN PARA LA APLICACIÓN DIARIA

GLOSARIO DE CONCEPTOS CLAVE

LECTURAS RECOMENDADAS

CRONOLOGÍA DE LA VIDA DE NEVILLE GODDARD

ACERCA DE LOS AUTORES

¿Qué papel juega la imaginación en tu vida diaria?

¿Te has detenido a pensar en cómo tus pensamientos moldean tu realidad?

¿Sabías que dentro de ti reside un poder ilimitado que, cuando se comprende y utiliza conscientemente, puede transformar cualquier aspecto de tu vida?

Este libro, "Entremos en el Silencio", te invita a explorar las enseñanzas de Neville Goddard, quien revela el secreto de la imaginación creativa como la clave para experimentar la vida que deseas.

Aquí aprenderás:

- Cómo la imaginación es la fuerza creativa detrás de toda experiencia humana.
- Técnicas prácticas para utilizar tus pensamientos como herramientas de cambio.
- Ejemplos sorprendentes de cómo transformar deseos en realidades.

Este no es solo un libro para leer, es una guía para actuar. A través de sus páginas, te sumergirás en conceptos profundos que desafiarán tus ideas preconcebidas sobre la naturaleza de la realidad, mostrándote que el poder de moldear tu mundo está, y siempre ha estado, en tus manos. ¿Estás listo para entrar en el silencio y descubrir el verdadero poder de tu ser? ¡Acompáñanos en este fascinante viaje!

IMAGINAR ES CREAR

Neville Goddard
(03 -06-1968)

El creador del mundo trabaja en la profundidad de tu alma subyaciendo en todas tus facultades, incluyendo la percepción y fluye en la superficie de tu mente menos encubierto bajo la forma de la imaginación creativa. Vigila tus pensamientos y le atraparás en el acto de crear, ¡porque Él es tu mismísimo Yo Cada momento del tiempo estás imaginando aquello de lo que eres consciente, y si no olvidas lo que estás imaginando y se vuelve realidad, has encontrado la causa creativa de tu mundo.

Debido a que Dios es pura imaginación y el único creador, si te imaginas un estado y haces que se cumpla, le has encontrado. Recuerda: Dios es tu conciencia, tu YO SOY; así que cuando estás imaginando, Dios lo está haciendo. Si imaginas y olvidas lo que imaginas, puede que no reconozcas tu cosecha cuando aparezca. Puede ser buena, mala o indiferente, pero si olvidas cómo llegó a ser, no has encontrado a Dios.

No tienes que ser rico para ser feliz, ¡pero debes ser imaginativo! Podrías tener una gran riqueza y estar temeroso por las necesidades del mañana, o no tener nada y viajar por el mundo, ya que todas las cosas existen en tu propia maravillosa imaginación humana.

Déjame contarte una historia de una señora que conozco y que viajó en su imaginación. Cuando esta señora tenía unos dieciséis años vivía en el norte de California. Se dedicó a su padre, que vivía por todo lo alto, a lo grande y de manera elegante. Él suministraba muy bien todas las necesidades de la familia hasta el día en que fue asesinado. Entonces, durante la noche, la familia descubrió ¡que no tenían nada! Su madre, sintiendo que no podría soportar ser ridiculizada se mudó con su familia a San Francisco, donde la niña – a pesar de poseer un talento artístico excepcional – encontró empleo como camarera con el fin de ayudar a la familia.

Tomando el tranvía de vuelta a casa desde el trabajo esa primera víspera de Navidad, ella se encontró con el vagón lleno de niños y niñas jóvenes, cantando y felices, y no pudo resistir las lágrimas. Por suerte para ella estaba lloviendo, así que extendió su cara hacia el cielo y dejó que la lluvia se mezclara con sus lágrimas. Mientras probaba la sal de sus lágrimas se dijo a sí misma: "Esto no es un tranvía sino un barco, y yo no estoy saboreando mis lágrimas sino la sal del mar en el viento".

Mientras ella físicamente agarraba la barandilla del tranvía, mentalmente tocaba la barandilla de un barco rumbo a Samoa. Físicamente saboreando la sal de sus lágrimas ella imaginaba que era la sal del mar. Mientras el tranvía llegaba a su destino, ella estaba entrando en la bahía de Samoa, sintiendo la luz de la luna brillando sobre su cuerpo y oyendo una voz que decía: "¿No es una noche celestial?"

Dos semanas más tarde, esta chica recibió un cheque por valor de 3.000 dólares de una firma de abogados de Chicago. Parece ser que dos años antes su tía había salido de los Estados Unidos, solicitando que si ella no retornaba, el dinero le fuera entregado a su sobrina.

Transcurrido un mes la niña estaba en un barco navegando hacia Samoa. Al llegar a la bahía vio un barco arando a través del agua dejando una bonita espuma blanca a su paso. Mientras la luz de la luna tocaba la estela, su espuma tocaba su cara y un hombre de pie cerca dijo: "¿No es una noche celestial?" En ese momento sus sentidos externos experimentaron ¡lo que ella había hecho real usando sus sentidos internos!

Ahora, la imaginación – siendo sensación espiritual – es la creadora del mundo. Con sus cinco sentidos (vista, oído, olor, gusto y tacto) ella transformó un tranvía de San Francisco en un barco en el Pacífico Sur, y en el plazo de un mes ella cumplió físicamente su acto imaginario.

Muchos dirán que fue una mera coincidencia, ¡pero no lo fue! Es la realidad, pero ¿cómo consigo que me creas? Pero tanto si me crees como si no, yo sé por experiencia que Dios y tú sois una gran Imaginación, ¡y no hay otro Dios! Un día, la Imaginación en ti se despertará y tú – plenamente consciente de quien eres realmente – sabrás que todas las cosas están sujetas a ti. Ese es tu destino.

El momento presente es un acto imaginario formado. Capturándolo puedes cambiarlo en ti mismo siguiendo las indicaciones dadas en el capítulo 18 del Libro de Jeremías: "'¡Levántate! Ve a la casa del alfarero y yo te permitiré escuchar mis palabras.' Así que fui a la casa del alfarero y allí estaba trabajando en su rueda. La imagen en su mano era deforme, pero la reelaboró en otra imagen según le pareció mejor al alfarero hacer."

La palabra "alfarero" traducida significa imaginación, y se nos dice que el Señor no sólo es nuestro Padre, sino el alfarero, y que nosotros somos el barro en sus manos. (Isaías 64)

Al recordar el día que tu jefe te criticó, estás moldeando una imagen de ti mismo basada en lo que él te dijo. Siendo indeseable, esa imagen está deforme. Incapaz de descartarte a ti mismo, ve a casa del alfarero tomando la misma escena y remodélate a ti mismo recordando el día que tu jefe te felicitó por tus logros. ¿Cambiará este acto [imaginario] tu mundo? ¡Sí! Te digo: el Dios del universo te da forma durante la mañana, la tarde y la noche mientras aceptas las palabras, las acciones y los eventos de los aparentes "otros" individuos.

Te insto a darle forma a tu mundo desde dentro y ya no más desde fuera. Descríbete a ti mismo como te gustaría ser visto por los demás y cree tus palabras. Camina en la asunción [suposición] de que son ciertas y – porque ningún poder puede frustrar a Dios – lo que Él está imaginando tú lo experimentarás.

No eres alguien aparte (separado) de Dios, pues el YO SOY no puede ser dividido. El Señor, nuestro Dios, es un único YO SOY, ¡no dos! Si el YO SOY de Dios y tu YO SOY es el mismo YO SOY, define lo que te gustaría ser. Entonces, ¡cree que tú eres el Señor! Sé como la dama que transformó un tranvía en un crucero. Piérdete en tu nuevo estado, mientras tu mundo externo sigue siendo, de momento, el mismo.

Ahora, tu mente racional puede decir que ella tenía una tía que tuvo la presencia de ánimo de morir y dejarle los 3.000 dólares en ese momento en particular. Y siendo joven no consideró el futuro; pero te digo: así es como la ley trabaja. Nunca falla si das todo de ti mismo y crees que tu imaginación humana es Dios.

Porque Dios no puede morir, ¡él es un Dios de vida! Así que cuando la vestimenta que llevas ahora llegue a su fin, tú – el ser vivo en ella – continuarás viviendo. Seguirás viviendo en un mundo como éste hasta que despiertes del sueño de la vida. Entonces te trasladarás a una era totalmente diferente, para realizar la unidad del ser que realmente eres. Hasta entonces, cree en lo que te estoy diciendo, porque es la verdad.

Cuando imaginas para un aparente otro [ser] eres bendecido, porque no hay otro y te estás dando tu regalo imaginario a ti mismo.

Oye a tu amigo contándote sus buenas noticias, ve la alegría en su rostro, siente la emoción del cumplimiento, y deja que tome lugar en tu mundo. Y cuando lo haga, reconoce tu cosecha. Date cuenta de que eres el responsable de su consumación.

El mundo eres tú mismo proyectado afuera. Pregúntate qué es lo que quieres y luego dátelo. No preguntes cómo se producirá; simplemente sigue tu camino, sabiendo que la prueba de lo que has hecho debe aparecer, y lo hará.

El año pasado, mientras estaba en Barbados, un amigo recibió una llamada de su madre contándole que su hermano había matado a un hombre. Mientras recolocaba el teléfono, tuvo una visión en la que una mujer dijo: "Encuentra a Neville y él te pondrá el arco iris en el cielo". Mi amigo me llamó a Barbados, y cuando escuché su historia dije: "Está hecho. Dios es infinita misericordia, y no hay nada más que perdón del pecado."

Cuando el espíritu de Cristo se forma en ti, perdonas a una persona, sin importar lo que haya hecho. El Faraón no dejaba ir a su gente porque Dios había endurecido su corazón, así que ¿cómo puedes condenar al Faraón por algo que hizo Dios? Esta noche mi amigo me contó que su madre le había llamado para decirle que su hermano había sido puesto en libertad.

Quiero decirte ahora, que nadie puede llegar al final del viaje sin haber matado a alguien. Todos deben desempeñar cada parte, de modo que cuando la memoria regrese él pueda perdonar todo. La parte del ladrón, del asesino, del violador y la persona violada – cada estado será experimentado. Todo lo que puede hacer el hombre está registrado en las Escrituras, y para cumplir las Escrituras el hombre debe hacer cada cosa.

Si yo no hubiera jugado todas las partes, yo no hubiera nacido desde arriba. Mi amigo, que ama a su hermano y que no podía entender cómo había hecho tal cosa, ha asesinado, como todos hemos hecho. Debemos hacer todas las cosas que el mundo condena para que el espíritu de Cristo – que es el perdón continuo del pecado – sea formado en nosotros. Y cuando esto te suceda, no verás a nadie a quien condenar. No es que le seas indiferente a la guerra o al asesinato, sino que verás el mundo como una obra de teatro contigo – el autor – jugando todas las partes.

Recuerda: no tienes que soportar nada de lo que te disguste. No es más que una vasija en tu mano que no está adecuadamente formada. Ve a la casa del alfarero y refórmala en otra vasija que te parezca buena para ti, el alfarero, hacer.

No sólo puedes reformar tu concepto de ti mismo en uno nuevo, sino que puedes reformar a otro [ser]. Si alguien no está bien o no gana lo suficiente para pagar sus gastos, el concepto está deforme. No le preguntas a la vasija si puedes reformarla, más bien te sientes como si hubieses atestiguado el cambio o hubieses oído las buenas noticias.

Debe haber acción, pues una idea sola no produce nada. Debes actuar dentro de ti mismo entrando en la idea. Cuando alguien te llama o te hace una petición, debes actuar en respuesta a ella produciendo un elemento motor dentro de ti mismo. Puede ser el sonido de su voz contándote que ya ha sucedido. O puedes sentir el toque de su mano. Lo que sea que hagas, debe ser algo que tome el deseo partiendo del punto de ser una idea y lo mueva al interior del estado creativo de cumplimiento.

El mismo primer acto creativo registrado en las Escrituras e
cuando el espíritu del Señor se movía sobre la faz de las aguas
Aquí está el movimiento. Si te gustaría estar en otra parte, tod
lo que necesitas hacer es cerrar tus sentidos a la sala que ahor
ocupas y sentir la sala en la que te gustaría estar. Si abres tu
ojos tus sentidos negarán cualquier cambio, pues el tuyo es u
movimiento psicológico. Al cerrar tus ojos el aquí obvio s
desvanece, y a través del acto de asunción (suposición) el allí s
convierte en el aquí. Viendo el mundo en relación con tu nuev
posición, respiras realidad dentro del estado y, habiéndote
movido desde donde estás hasta donde quieres estar, lo ha
creado.

Sé que esto no tiene sentido, pero como dijo Douglas: "El secret
de la imaginación es el mayor de todos los problemas a cuy
solución aspiran todos los místicos, pues el supremo poder, l
suprema sabiduría y el supremo deleite se encuentran en l
solución de este remoto misterio".

¿Cómo se desentraña este misterio? Afirmando que eres tod
imaginación. Luego te envuelves a ti mismo en el espacio, y
mentalmente ves tu mundo relativo a tu posición asumida en e
espacio. Haz eso y te has trasladado.

El presidente Hoover dijo una vez: "La historia humana, a través
de sus muchas formas de gobiernos, sus revoluciones, sus
guerras – de hecho el ascenso y la caída de las naciones –
podría ser escrita en términos de la ascensión y la caída de las
ideas implantadas en las mentes de los hombres".

Aquí puedes ver que el cambio de los gobiernos es el resultado
del cambio de las ideas implantadas en la mente. ¿Puedes ver
ahora cómo estamos implantando los horrores del mundo? Si
lees el periódico de la mañana, ves la televisión, o escuchas la
radio, podrás observar como sus palabras te asustan con el fin

de llamar tu atención. Ves un titular que dice que alguien fue asesinado y te detienes a leerlo. Ves otro diciendo que las cosas están bien y lo ignoras, ya que no significa nada. Ves la sección de los escándalos [la prensa del corazón], hablando sobre alguna persona prominente que ha sido infiel y te encuentras disfrutando un poco del cotilleo. Todas estas son ideas implantadas en la mente, las cuales causan el ascenso y la caída de las naciones.

Te digo: ¡la imaginación crea la realidad! Si quieres cambiar tu vida ¡debes tomar conciencia de las ideas que estás plantando en tu mente sobre los demás! Cuando te encuentres con alguien negativo, pon una idea hermosa en lugar de lo que expresa. Entonces, cada vez que pienses en él, imagina que te está diciendo algo encantador. Y, porque ahora caminas en un mundo que no se ve perturbado por su estado negativo, cuando él se encuentre no teniendo ya pensamientos negativos, nunca sabrá que tú fuiste su fuente. Tú lo sabrás y eso es lo único importante.

Toma conciencia de los pensamientos que estás pensando y conocerás una vida más agradable. No importa lo que otros hagan; planta pensamientos amorosos y bondadosos y serás bendecido al hacerlo.

Créeme: Aquí hubo una niña de dieciséis años que transformó sus lágrimas en la espuma salada del mar, un tranvía en un barco, y San Francisco en Samoa. Ella es bendecida, pues cuando sucedió, nunca olvidó su momento de desesperación cuando imaginó un estado y aconteció.

Te pido ahora creer en el Dios invisible que se convirtió en ti. Cuando dices "YO SOY", piensas en la cara que luces, pero no eres esa cara. Tú eres mucho más grandioso de lo que nunca ella podría ser.

Un día, David el hijo de Dios mirará dentro de los ojos del ser que realmente eres y te llamará padre. No te llamará por el nombre de la máscara que llevas puesta, pues David es la imagen expresa de tu invisibilidad. Reconociéndote como su eterno padre, David significa que tu viaje dentro del mundo de la muerte llega a su fin. Y desde ese momento compartirás tus experiencias con cualquiera que quiera escuchar y salvarás a todo el que conozcas.

Salvarás a alguien que esté desempleado a través de oírle mentalmente decirte que ahora tiene un trabajo remunerado y que está ganando más dinero que nunca antes. Habiendo oído sus buenas noticias, te apropiarás subjetivamente de tu esperanza objetiva y nunca retrocederás dudando de la realidad de lo que has hecho. Simplemente la verás llegar a suceder. Entonces sabrás que has encontrado a aquel de quien Moisés y la ley y los profetas escribieron: ¡Jesús de Nazaret, quien es el Señor Dios, y Padre de todos!

He revelado la única y sola fuente de los fenómenos de la vida. Todo lo que te ha sucedido alguna vez o te está sucediendo o te sucederá, viene de Dios, que es tu propia maravillosa imaginación humana. Te insto a usarla sabiamente.

Ahora, una señora me escribió diciendo que escuchó una voz maldiciéndola, y – no entendiendo – se cuestionó y oyó las palabras: "Porque te necesito".

En el Libro de Gálatas, Pablo les dice a aquellos que han llegado al final de su viaje, que rechacen todas las leyes e instituciones que puedan interferir con la comunicación directa con su propio Dios individual. (Gálatas 5:1-14)

En el mundo del espíritu, todas las sociedades organizadas están personificadas. Los ríos, las montañas, las ciudades – cada cosa es humana, pues Dios es el Hombre. Incluso el edificio Los Angeles Woman's Club está personificado en el mundo del espíritu. Representa una necesidad de las damas que lo poseen, cuando es visto en el mundo del espíritu, y al tratar de separarte de ello, te maldecirá, porque quiere alimentarse de ti.

Así que cuando abandonas las instituciones religiosas, las organizaciones, las costumbres y las leyes que puedan interferir con tu comunión individual directa con tu Dios, te maldecirán, porque te habrán perdido. Simplemente déjalas solas. Las he visto todas y no son más que sombras. Una vez vi a una bruja monstruosa en una cueva enseñándoles a niños pequeños las artes negras. Cuando me vio, gritó: "Oh, Hombre de Dios, ¿qué tienes que hacer conmigo?"

La Biblia cuenta la misma historia. Aquellos que enseñan las artes negras y cómo lastimar a la gente, aquellos que quisieran controlar tu mente y hacerte dependiente de ellos, son sólo personificaciones de organizaciones que te retienen de contactar al único Dios que está dentro de ti. Cada grupo religioso ortodoxo te esclavizaría por el resto de la eternidad si pudiera; pero cuando abandonas esa creencia su personificación maldecirá tu abandono, sin embargo su maldición no significa nada. No pueden tocarte cuando rechazas completamente cualquier intermediario entre tú mismo y Dios.

Ahora para volver al tema de esta noche: ¡La imaginación crea la realidad! ¿Has imaginado algo y no ha sucedido? Entonces, ¿qué estás imaginando ahora mismo?

¿Estás imaginando que eres John Brown? No naciste sabiendo que eras John Brown. Naciste y otros empezaron a llamarte

John. Con el tiempo empezaste a asumir que eras John Brown y comenzaste a responder cuando oías el nombre John.

Cuando imaginaste que tenías seguridad, ¿olvidaste la sensación? ¿Estás imaginando ahora que te encuentras seguro? Puede que no tengas evidencias de tu seguridad, pero a medida que les permitas a otros decirte cuán amado y querido eres, cuán exitoso y famoso eres, comenzarás a asumirlo, y la imaginación habrá creado su realidad. Inténtalo, pues ya eres esa realidad.

Ahora entremos en el silencio.

GUÍA PRÁCTICA

-

EJERCICIOS PRÁCTICOS

1. Transformación del Aquí y Ahora: Encuentra un momento del día en el que te sientas frustrado o limitado. Cierra los ojos e imagina el lugar o situación ideal en la que te gustaría estar. Cambia los estímulos presentes (ruidos, texturas, olores) por los de tu visión ideal y mantén la imagen hasta que se sienta real.

2. Diálogo Interno Positivo: Dedica 10 minutos al día para imaginar que alguien cercano te felicita por un logro que deseas alcanzar. Escucha sus palabras de aliento y siente la emoción de haberlo conseguido.

3. Práctica del Alfarero: Toma una situación que no te guste en tu vida. Visualízala como una vasija deformada en tus manos. Luego, imagina que la remodelas con tus manos en algo hermoso y satisfactorio. Siente la transformación como si estuviera ocurriendo físicamente.

-

REFLEXIONES GUIADAS

1. ¿Qué pensamientos recurrentes están moldeando tu realidad actual? ¿Son coherentes con la vida que deseas crear?

2. ¿Cómo te sentirías si cada deseo que imaginas se convirtiera en realidad? ¿Qué limitaciones mentales necesitas dejar atrás para vivir plenamente este proceso creativo?

3. ¿Cuánto tiempo dedicas al día a imaginar tu vida ideal frente a preocuparte por tus problemas actuales?

-

CONCEPTOS DE PSICOLOGÍA POSITIVA

1. Optimismo Realista: Las prácticas imaginativas refuerzan la esperanza y el optimismo, factores clave en el bienestar emocional según la psicología positiva.

2. Visualización Proactiva: El uso de la imaginación para visualizar metas cumplidas mejora la motivación y la claridad en la acción, alineándose con las enseñanzas de Neville.

3. Narrativa Personal Transformadora: Cambiar la narrativa interna hacia un discurso positivo y creativo refuerza la autoconfianza y la resiliencia frente a desafíos.

-

CITAS DE TEXTOS ESPIRITUALES

1. Biblia (Hebreos 11:3): "Por la fe entendemos que el universo fue formado por la palabra de Dios, de modo que lo visible no provino de lo que se ve." Este verso subraya cómo lo invisible (la imaginación) crea lo visible.

2. Bhagavad Gita (Cap. 6, Verso 6): "El hombre debe elevarse a sí mismo por su propia mente; no debe degradarse. Pues uno mismo es su amigo más grande y también su enemigo más grande."

3. Isaías 64:8: "Pero ahora, oh Señor, tú eres nuestro padre; nosotros el barro, y tú nuestro alfarero." Esta imagen resuena con el poder de moldear nuestra realidad a través de la imaginación.

-

PERSPECTIVAS DE AUTORES RELACIONADOS

1. Joseph Murphy: En El Poder de tu Subconsciente, Murphy detalla cómo visualizar metas claras ayuda a reprogramar la mente subconsciente para atraerlas a la realidad.

2. Florence Scovel Shinn: En El Juego de la Vida y Cómo Jugarlo, Florence enfatiza la importancia de las afirmaciones y el poder de la imaginación para transformar las circunstancias.

3. Napoleon Hill: En Piense y Hágase Rico, Hill explora cómo la intensidad del deseo combinado con la imaginación enfocada puede manifestar riqueza y éxito.

TODAS LAS COSAS SON POSIBLES

Neville Goddard
(12-05-1969)

En el capítulo 9 del Libro de Marcos, se dice: "Todas las cosas son posibles para el que cree", y en el capítulo 19 del Libro de Mateo se nos dice: "Con Dios todas las cosas son posibles". Aquí vemos a Dios equiparado con el creyente.

Sentado aquí esta noche tú crees que eres un hombre o una mujer. Crees que estás aquí, ¿pero estás dispuesto a creer que puedes ir más allá de lo que tu razón y tus sentidos dictan? Tú no tienes que limitar tu poder de creencia a lo que tu mente razonadora dicta. La elección y sus limitaciones dependen totalmente de ti, pues todas las cosas existen en la imaginación humana y es de tu imaginación que tu creencia deriva. Si vas más allá de los dictados de la razón, debe ser a través de tu imaginación, y ya que todas las cosas ya existen allí, tú puedes en cualquier momento ir más allá de lo que tu razón y tus sentidos dictan.

Acabamos de tener una erupción en el mundo cristiano en relación con los pequeños iconos que las personas han fabricado y adorado por más de mil años. El Salmo 115 los describe así: "Sus ídolos son plata y oro, la obra de las manos de los hombres. Tienen ojos pero no ven; bocas que no hablan; orejas que no oyen; manos que no sienten; pies que no caminan y ningún sonido se oye en sus gargantas. Aquellos que los fabrican son como ellos; así son todos los que confían en ellos."

En el periódico de hoy se cuenta la historia de una actriz famosa que tuvo un accidente mientras iba en su Rolls Royce. Sufrió heridas, pero no de gravedad y atribuyó su suerte al pequeño icono que ella llamaba San Cristóbal. Ella es igual que el que lo fabricó y se lo vendió, pero no lo sabe. No juzgues a otros por sus posesiones mundanas. Las recibieron a través de la creencia, pero ellos no saben que su propio ser es el que las creó para ellos. Ella creyó que su pequeño icono de oro la salvó de un accidente fatal. Nada excepto su creencia en él la salvó. Compró y creyó en su pequeño icono porque ella no conoce a aquel en quien debería confiar.

Todas las cosas son posibles para el que cree y "con Dios todas las cosas son posibles". Aquí vemos que Dios y el creyente son uno. Cuando salgas de aquí esta noche, esperarás encontrar tu casa donde la dejaste. Te irás a dormir allí y creerás que te despertarás en tu cama mañana por la mañana. Crees que estás vestido ahora mismo. Yo te digo: tu capacidad para creer es la imaginación humana, la cual es el único Dios. Siendo todo imaginación, te has restringido a ti mismo por el cuerpo de sensación y razón que llevas. La razón te dice que tú estás en esta sala, que tienes una cierta cantidad de dinero y que no puedes tener más a menos que hagas un esfuerzo físico para conseguirlo. Pero desearías tener más, ¿verdad?

Asume tu deseo a través de la sensación de sentir. Esa asunción, subjetivamente apropiada y creída cierta, es la fe. ¿Puedes creer en su realidad? Sabiendo que todas las cosas son posibles para el que cree, ¿puedes convencerte de que, aunque tu razón y tus sentidos lo niegan, tu asunción hará que sea así? Blake, en su maravilloso "Matrimonio del Cielo y el Infierno", dijo: "Yo cené con Isaías y Ezequiel y pregunté: '¿Una fuerte convicción de que una cosa es así, hace que sea así?' e Isaías respondió: 'Todos los profetas lo creen, y en épocas de imaginación una firme convicción movía montañas, pero hoy muchos no son capaces de una firme convicción de nada.'" Todo aquí fue una vez sólo un deseo, creído. Este edificio, la ropa que llevas o el coche que conduces fueron primero un deseo, luego creído hasta que llegó a existir.

Sí, creo que hay un hombre llamado Neville. Él puede trabajar para ayudarte en el cumplimiento de tu deseo, si tú crees que lo tienes. Muchos hombres pueden venir y vendrán a ayudarte, aún sin saber que lo están haciendo, si tú crees. No tienes que convencer a los demás para que te ayuden; todo lo que necesitas hacer es creer que eres lo que quieres ser y luego deja que el mundo (que no es nada más que tú mismo proyectado fuera) trabaje para hacer posible tu asunción. Te lo prometo: tu deseo se cumplirá, ya que todas las cosas son posibles para el que cree.

El fallecido Robert Frost dijo: "Nuestros padres fundadores no creyeron en el futuro, creyeron el futuro en su interior". El poder más creativo en ti es tu poder para creer una cosa en tu interior. Nuestros padres fundadores no creyeron que el paso del tiempo haría que este país fuera como ellos deseaban. Ellos querían democracia, no una monarquía, y sabían que sentarse y esperar a que llegara a suceder no lo haría – tuvieron que apropiársela, así que simplemente lo creyeron en su interior. ¿Cómo? Mediante la fe. Se apropiaron subjetivamente de su deseo.

Digamos que te gustaría estar en San Francisco ahora, pero no tienes tiempo ni dinero para hacer el viaje. ¿Qué haces? Ignoras el momento presente y subjetivamente te apropias de tu esperanza objetiva durmiendo en San Francisco esta noche. Cuando estés tumbado en tu cama, mira tu mundo a través de los ojos de alguien que está durmiendo en San Francisco. Puede que despiertes por la mañana y encuentres que todavía estás físicamente en Los Ángeles, pero mientras dormías se estuvieron llevando a cabo cambios que te obligarán a hacer el viaje. Yo te digo: tú siempre irás físicamente al estado subjetivo que te hayas apropiado.

Recuerda: todas las cosas son posibles para el que cree, y co
Dios todas las cosas son posibles. El hombre cree que Dios cre
el mundo y todo lo que hay en él, pero no equipara a Dio
consigo mismo, el creyente. Pero la Biblia equipara a Dios, e
creador de todo, con el que cree. Y la creencia no tiene que se
restringida, sino que puede ir más allá de la evidencia de lo
sentidos y la razón.

En el mundo tienes que recurrir a lo externo para iluminar ti
camino. Puedes encender una vela, una lámpara, o usar la
electricidad; pero un día te volverás al interior para descubrir que
tú eres la luz del mundo. Entonces sabrás que tú eres Dios, la
luz del amor infinito, del poder infinito y de la sabiduría infinita
Te expandirás en estos estados a medida que rompas las
barreras de la razón y los sentidos. Te reto a que te examines
¿Te estás manteniendo en el estado que deseas experimentar?
Ponte a prueba, y al hacerlo estás probando a Cristo, pues él es
el poder y la sabiduría de Dios. No cuesta nada ponerle a
prueba, así que inténtalo.

Se nos dice que la imaginación nos habla por medio de los
sueños y se revela en visiones. Una noche se me mostró cómo
ponerme a prueba. Esa noche me encontré en una mansión
enorme en la 5ta Avenida de la ciudad de Nueva York a
comienzos de siglo. Todo lo que el dinero podía comprar estaba
en esa mansión. A pesar de que yo era invisible para las dos
generaciones que estaban presentes, podía oír todo lo que ellos
decían. El señor mayor habló, diciendo: "Padre solía decir,
mientras estaba parado sobre un solar vacío, 'Recuerdo cuando
esto no era más que un solar vacío', entonces describía el
edificio que él quería que estuviera allí como si ya fuera sólido y
real." Luego la escena cambiaba y veía el edificio, ahora
completo, erigido en donde sólo un momento antes no había
más que un solar vacío. El abuelo estaba ahora de pie junto a su

hijo y su nieto y decía: "Recuerdo cuando esto era un solar vacío."

Este sueño me enseñó una maravillosa lección. Yo era el abuelo, el hijo y el nieto. Dependía de mí ahora transmitir este conocimiento a otras generaciones. Mientras te encuentras en un estado baldío puedes decir: "Recuerdo cuando esto era baldío." Si era baldío, estás dando a entender que ya no es así. Entonces puedes – mediante el ejercicio de tu sentido interno de vista, oído, gusto, olfato y tacto – ocupar el estado y permitirle que se exteriorice para ti. Te digo, no importa lo que tienes o quien eres en este mundo, todas las cosas son posibles para ti cuando crees.

Puedes creer en uno o más de los noventa extraños llamados santos que ahora han sido degradados, pero si crees, ellos han servido a su propósito. Ahora, los que antes creían en iconos en el exterior deben dar la vuelta y aprender a creer en sí mismos. Ha llevado mucho tiempo, durante más de mil años los hombres han creído estas tonterías. Tú no tienes que cubrirte la cabeza nunca más para entrar en la iglesia – por tanto, ¿fue alguna vez necesario? No tienes que creer en San Cristóbal nunca más. Nunca fue necesario; pero el hombre, en su estado infantil, no podía creer en sí mismo, así que creó con sus manos humanas algo en lo que creer y su creencia se produjo ella misma. El icono no lo hizo por el individuo. Su creencia lo hizo por él.

Todas las cosas son posibles para el que cree y con Dios todas las cosas son posibles, por tanto, ¿no es Dios uno con el creyente? Su nombre por siempre y para siempre es "Yo Soy". ¿No sabes que tú eres? ¿Sabiendo eso, no estás diciendo: "Yo soy"? Si tu nombre es Juan, debes ser consciente de ello antes de que puedas decir: "Yo soy Juan." Yo digo: "Yo soy Neville." Puede que no siempre diga "Yo soy" antes de decir "Neville", pero soy consciente de ser Neville antes de decir la palabra. Le he dado a mi consciencia de ser un nombre. Ese nombre es Neville. No tengo que repetir las palabras "Yo soy" para definir aquello de lo que soy consciente; pero mi conciencia es Dios, el creyente, y no hay otro Dios.

Ahora, todas las cosas existen en la imaginación humana – no sólo las cosas buenas, sino todas las cosas. Escucha estas palabras del capítulo 32 del Libro del Deuteronomio: "Ved que yo, y sólo yo, soy él y no hay Dios fuera de mí. Yo mato y yo hago vivir, yo hiero y yo sano, y nadie puede librarse de mi mano." ¿Quién puede matar sino Dios? Tú puedes decir: "Yo le maté", pero ese es el nombre de Dios. Tu propia maravillosa imaginación humana tiene el poder de matar y hacer vivir, herir y sanar y no hay nadie que pueda librarse de tu mano, pues no hay Dios fuera de tu propia maravillosa imaginación humana.

Mientras estás sentado aquí tienes la capacidad de creer. Puedes creer en algo estúpido, pero tú crees [en ello] y tu creencia hará que funcione. Ese del que hablo como Dios es tu yo más fuerte, y sin embargo tu esclavo, para sus propios fines. Él te sirve tan indiferentemente y tan rápidamente tanto cuando tu voluntad es mala como cuando es buena. Lo hace evocando imágenes de bien y de mal igual que si fueran reales. Permitiéndote imaginar todo lo que tú desees, él lo proyecta sobre esta pantalla del espacio con el fin de que tú lo experimentes. Puedes moverte hacia ello tan natural y tan fácilmente que puedes olvidar el momento irreflexivo en el que la semilla fue plantada, y por lo tanto no reconocer tu propia cosecha.

El ser que tú realmente eres es el Dios de las Escrituras que es tu propia maravillosa imaginación humana. ¿Puedes marcharte de este auditorio esta noche con la profunda convicción de que eres lo que quieres ser? ¿Estás dispuesto a asumir sus alegrías y pesares? Tu asunción es tu apropiación subjetiva de un hecho objetivo. Eso es la fe y sin fe es imposible agradarle.

Esta noche, cuando yo abandone este edificio conduciré hasta casa con mi amigo. Mientras viajamos pasaremos por ciertas calles y veremos objetos familiares porque estaremos viajando con la vista. Pero cuando camino por fe mis pasos son invisibles, pues estaré caminando en la asunción de mi deseo cumplido. Pablo nos dice que "caminemos por fe y ya no más por vista". Todos sabemos cómo es caminar por vista, pero ahora somos llamados a romper ese hechizo y caminar por fe.

Yo te digo que es posible ser cualquier cosa que quieras ser, ya que el creyente y el Dios del universo son uno. No te divorcies de Dios, pues Él es tu Yo Soydad. Cree en tu Yo Soydad, porque si no lo haces tú nunca cumplirás tu deseo. Sólo asumiendo que ya eres la persona que te gustaría ser lo lograrás. Es tan simple como eso.

No estoy diciendo que sea fácil, pero se vuelve más fácil con la práctica. Si le diera un Stradivarius a alguien que ha dominado el violín él podría elevarme a la enésima potencia de la alegría, pero si pusiera el mismo violín en las manos de alguien que no pudiera tocarlo, rápidamente me volvería loco. Es el mismo violín, sin embargo uno produce armonía mientras que el otro produce disonancia. Tú matas y haces vivir con el mismo instrumento, que es tu propia maravillosa imaginación humana. Tú puedes crear muchas disonancias hasta que aprendes cómo tocar. Nosotros estamos aquí en este mundo de oscuridad educativa aprendiendo a tocar el instrumento que es Dios. Puede que no conozcas a nadie que te diera 10.000 dólares ahora mismo, pero si crees que todas las cosas son posibles para Dios y sabes que Dios es tu imaginación humana, tú puedes imaginar que tienes el dinero, persiste en tu creencia y lo tendrás. Cómo, no lo sé; yo sólo sé que de acuerdo a tu creencia te será hecho a ti.

¿Crees que todas las cosas son posibles para Dios? ¿Y crees que Él es tu propia maravillosa imaginación humana? Sabiendo que Dios es todo amor, y que tú eres capaz de imaginar cosas desagradables, puede que no creas que tu imaginación es Dios, pero si eso es cierto entonces Dios no es todopoderoso. Si tú puedes imaginar algo que Dios no puede, entonces tú le trasciendes. Si Dios toca sólo notas armoniosas y tú puedes tocar cuerdas que producen disonancia así como armonía, entonces tú eres más grande que Él porque tú puedes hacer algo que Él no puede. Pero yo te digo: tu propia maravillosa imaginación humana mata y hace vivir, hiere y sana, pues todas las cosas salen de la imaginación humana. Mientras estás aprendiendo a usar y creer en tu imaginación humana puedes hacer vivir eso que no quieres. Puedes herirte a ti mismo en el proceso, pero lo que tú creas en tu imaginación puedes descrearlo.

Todo puede ser resuelto, aunque mientras estés aprendiendo cometas errores horribles. No te condenes por nada que alguna vez hayas hecho, estés haciendo o puedas hacer, mientras aprendes a tocar el instrumento que es Dios mismo y tu propia maravillosa imaginación humana, ya que no hay otro poder creativo.

Lo que ahora está probado fue una vez [algo] sólo imaginado. Mi sastre usa su imaginación para confeccionar mis trajes para mí. Ellos tienen que ser imaginados primero antes de cortar la tela. Mi sastre no coge sus tijeras y empieza a cortar la tela con la esperanza de que algo saldrá [de ahí]; él lo imagina primero. Y cuando me siento en el sillón de mi barbero, él ve lo que debería tener en mi cabeza en lugar de lo que está ahí. Todo debe ser imaginado primero antes de que pueda convertirse en un hecho, y esa capacidad de imaginar es Dios.

Ahora bien, tú no observas al imaginar como haces con los objetos en el espacio, porque tú eres la realidad que se llama imaginación. Puedes observar esta sala, que fue una vez sólo imaginada, pero no puedes observar el poder creativo que la concibió. Las cosas creadas se ven, pero tú – el creador – no eres visto, y nunca sabrás que eres Él, hasta que el hijo único de Dios, David, se plante delante de ti y te llame Padre. No todo el mundo aceptará este conocimiento, porque ellos preferirán tener sus pequeños iconos. Estoy bastante seguro de que esta actriz italiana que tuvo el accidente no estaría interesada en mis palabras ni en creerlas, y ella no está sola. Hay cientos de millones esta noche que no renunciarían a sus pequeñas medallas. Yo vi donde el cardenal McIntyre había puesto su sello de aprobación en el reverso de la medallita de San Cristóbal, dándole así su bendición. En un lado hay una cara que nunca existió y en el otro, un sacerdote de la iglesia da su aprobación. Qué tontería, sin embargo las medallas funcionan porque la gente cree que lo hacen.

Es hora de que el hombre deje de creer en algo afuera y empiece a creer en su imaginación humana. Es hora de desechar todos los iconos externos. "No harás imagen tallada de mí, ni tendrás otros dioses aparte de mí." Puede que no tengas educación, ni dinero o bagaje social, y te resulte difícil creer en ti mismo; pero debido a que todas las cosas son posibles para el que cree, y con Dios todas las cosas son posibles, puedes salir de tus sentidos y creer que cualquier cosa exista. Pon a prueba tu imaginación, y si se demuestra en la práctica, ¿qué importa lo que el mundo piense?

A través de la prueba yo he demostrado la imaginación. Le he descubierto y ahora comparto mis hallazgos con los demás. Él

es llamado Felipe, el amante de los caballos, el símbolo de l
mente. Sabiendo que Felipe ama aprender acerca de cóm
funciona la mente, le digo que "He encontrado a aquel de quie
Moisés y la ley y los profetas hablaron – Jesús, el Mesías. Yo t
llevaré a él." Tú estás aquí porque, como Felipe, deseas sabe
más sobre la mente y sus funciones. Yo puedo llevarte a Jesú
diciéndote quién es él, pero no te lo puedo mostrar, pues él e
invisible.

Tu YO SOYdad es él. Di: "Estoy seguro, soy rico, soy libre." Est
puede no ser verdad en base a tus sentidos, pero y
simplemente te estoy pidiendo que digas las palabras, pues e
el momento que lo hagas te estás apropiando subjetivamente l
seguridad, la riqueza y la libertad. La razón tratará de aparta
estas cosas de ti, así que te pido jugar a un pequeño jueg
conmigo. Sal por la puerta y camina como si fueras seguro, ric
y libre. Duerme esta noche como si fuera cierto. Si lo haces, n
te quedarás dormido viendo el mundo como hiciste anoche, l
verás de modo diferente. Si esta mañana alguien te dio ur
cheque por 20.000 dólares y lo depositaste en tu cuenta, serías
20.000 dólares más rico, por lo tanto tú no podrías dormir esta
noche como lo hiciste antes. Ahora, sin esperar a que
físicamente alguien te de el dinero, vete a la cama como si fuera
verdad. Pon a Cristo a prueba extrema. Si todas las cosas son
posibles para Dios y si todas las cosas son posibles para el que
cree, ¿puedes creer? No te estoy diciendo que tendrás éxito la
primera noche, ni incluso la segunda. Habiendo sido entrenado
a aceptar sólo lo que tu razón y tus sentidos dictan, puede que
te resulte difícil, casi imposible, creer que podrías creer – ¡pero
puedes!

Esta mañana, mientras estaba regresando a este mundo me
encontré con una escena de sombras de seres. El primero era
ciego, incapaz de ver el mundo a su alrededor. El segundo veía,
pero su visión era limitada. El tercero veía más que el segundo,

y el cuarto podía ver, oír, y hacer más que el tercero. Me desperté, diciéndole a mi amigo Bob Crutcher: "Con tu talento para escribir, podrías escribir una película sobre esta serie de eventos. Si lo hicieras, recibirías 3.000 dólares por ello."

Yo sabía que al igual que un actor me había identificado con cada ser de sombra que había visto. A pesar de las sombras, yo, el perceptor, había asumido uno detrás de otro hasta encontrarme limitado por el estado percibido. Cuando asumí el primero yo estaba totalmente ciego. Cuando asumí el segundo podía ver un poco, y en el tercero un poco más. Entonces me desperté instando a Bob a escribirlo, para mostrar cómo el hombre está restringido por lo que él está vistiendo.

Con el fin de interpretar un papel tú debes sentir el papel. Como el hombre ciego yo tenía que sentir el camino. Cuando me puse otra vestimenta yo podía ver y no tenía que sentir ya. Con cada vestimenta que llevaba, yo sentía cada vez más, y desperté instando a mi amigo a mostrar esto en forma de imagen con la esperanza de que aquellos que lo vieran entenderían que el hombre sólo está interpretando un papel. El papel no tiene por qué ser el que se le dio al nacer. Él puede escoger un papel y entrar en él en cualquier punto del tiempo.

Ahora mismo tú estás interpretando un papel. Si no te gusta puedes cambiarlo. Podrías interpretar el papel de un hombre más rico que el que tú eras hace veinticuatro horas. Es sólo un papel para que lo interpretes, si lo deseas.

Todo lo que te estoy diciendo es de la Biblia. "Yo mato y yo hago vivir. Yo hiero y yo sano, y no hay nadie que pueda librarse de mi mano. Yo, y sólo yo, soy él y no hay Dios fuera de mí. Yo soy el Señor tu Dios, el santo de Israel, tu Salvador y fuera de mí no hay salvador." Estas son las palabras de Dios, reveladas a través de sus profetas de la antigüedad. Su profecía se cumple en el

Nuevo Testamento así: "Cualquier cosa que desees, cree que la has recibido y la recibirás." Así de fácil es como lo aplicas, pues una asunción, aunque sea falsa y negada por tus sentidos, si persistes en ella se solidificará en hechos.

Yo te lo estoy diciendo: tú eres Dios y nunca hubo otro. El ser en ti es Dios, y tú y yo somos uno, porque sólo hay un Dios. Finalmente sabrás que tú y yo somos uno, pues descubrirás que eres el padre de mi hijo, que sabrás que es tu hijo. De hecho, no será el hijo revelándote como el Padre, sino tú, el Padre, revelando a tu hijo.

Ahora entremos en el silencio.

GUÍA PRÁCTICA

-

EJERCICIOS PRÁCTICOS

1. Recuerda Cuándo: Imagina que ya has superado un desafío o alcanzado un objetivo. Dilo internamente como: "Recuerdo cuando no tenía esta casa y ahora estoy aquí, disfrutándola." Mantén esa imagen y emoción.

2. Viaje Mental: Antes de dormir, visualiza un lugar donde deseas estar, como si ya estuvieras allí. Por ejemplo, imagina que estás durmiendo en la ciudad de tus sueños, sintiendo las emociones de haber llegado.

3. Juego de Fe: Durante el día, camina, habla y actúa como si ya fueras la persona que deseas ser. Por ejemplo, si deseas seguridad financiera, proyecta confianza y gratitud en tus interacciones.

-

REFLEXIONES GUIADAS

1. ¿Qué creencias actuales están limitando tu capacidad para asumir que todo es posible? ¿De dónde provienen estas creencias?

2. Si todas las cosas fueran posibles para ti, ¿qué cambiarías primero en tu vida? ¿Por qué no lo estás imaginando ya?

3. ¿Cómo puedes sostener la fe en un resultado deseado cuando tus sentidos externos muestran lo contrario?

-

CONCEPTOS DE PSICOLOGÍA POSITIVA

1. Mentalidad de Crecimiento: La capacidad de imaginar y creer en un estado mejorado fomenta la superación de límites autoimpuestos, alineándose con la psicología positiva.

2. Resiliencia Optimista: Persistir en la creencia de que los desafíos son temporales y que el cambio es inevitable fortalece la resiliencia emocional.

3. Intención y Realidad: Las prácticas de visualización y afirmación, como las de Neville, refuerzan el enfoque en metas claras, promoviendo bienestar y acción positiva.

-

CITAS DE TEXTOS ESPIRITUALES

1. Biblia (Marcos 9:23): "Si puedes creer, al que cree todo le es posible." Este pasaje refleja el poder de la fe y la imaginación en la creación de la realidad.

2. Bhagavad Gita (Cap. 6, Verso 5): "Levántate por tu propia mente; no te rebajes. Pues tu mente puede ser tu amiga o tu enemiga." Esto alienta el control interno como clave para la transformación.

3. Deuteronomio 32:39: "Yo soy el que mata y da vida, el que hiere y sana." Este verso se alinea con la enseñanza de Neville de que la imaginación humana es el poder creativo definitivo.

-

PERSPECTIVAS DE AUTORES RELACIONADOS

1. Joseph Murphy: En El Poder de tu Subconsciente, Murphy explora cómo la fe en la realización de un deseo programa al subconsciente para manifestarlo.

2. Eckhart Tolle: En El Poder del Ahora, Tolle enfatiza el papel de la conciencia presente para trascender las limitaciones mentales y lograr estados deseados.

3. Florence Scovel Shinn: En El Juego de la Vida y Cómo Jugarlo, Florence ilustra cómo el uso de afirmaciones y fe transforma las circunstancias adversas.

CRÉELO EN TU INTERIOR

Neville Goddard
(06-10-1969)

La realidad objetiva de este mundo es producida solamente por la imaginación humana, en la que todas las cosas existen. Esta noche espero enseñarte a cómo apropiarte subjetivamente de eso que ya existe en ti, y convertirlo en un hecho objetivo. Tu vida no es más que la representación externa de tu actividad imaginaria, pues tu imaginación se cumple en lo que tu vida llega a ser.

El último año que Robert Frost estuvo con nosotros, fue entrevistado por la revista LIFE y dijo: "Nuestros padres fundadores no creyeron en el futuro, lo creyeron en su interior". Esto es verdad. Habiendo roto con Inglaterra, nuestros padres fundadores podrían haber establecido su propia realeza aquí haciendo rey a uno de ellos, perpetuando de este modo una familia real. Podrían haber elegido una forma de dictadura, pero se pusieron de acuerdo en imaginar una forma de gobierno que no había sido probada desde la época de los Griegos. La democracia es la forma de gobierno más difícil del mundo, sin embargo nuestros padres fundadores acordaron creerla en su interior. Sabían que podría tener lugar, porque conocían el poder de la creencia – el poder que espero enseñarte que eres, esta noche.

Decir: "Voy a ser rico", no va a hacer que suceda; debes creer en la riqueza afirmando en tu interior: "Soy rico". Debes creer en el tiempo presente, porque el poder activo creativo que eres, es Dios. Él es tu conciencia, y Dios solamente actúa y es. Su nombre por siempre y para siempre es "YO SOY", por lo tanto, él no puede decir: "Yo seré rico" o "Yo era rico" sino "¡Yo Soy rico!". Afirma lo que quieres ser consciente del aquí y ahora, y – aunque tu mente racional y tus sentidos lo nieguen – si lo asumes con sentimiento, tu actividad interna, establecida y perpetuada, se objetivará en el mundo exterior – que no es más que tu actividad imaginaria objetivada. Intentar cambiar las circunstancias de tu vida antes de que cambies su actividad imaginaria, es esforzarse en vano. Esto lo sé por experiencia. Yo tenía un amigo que odiaba a Roosevelt y él quería cambiarle. Cada mañana mientras se afeitaba, mi amigo regañaba a Roosevelt. Encontraba una gran alegría y satisfacción en esta rutina diaria, pero a pesar de todo no podía entender por qué Roosevelt permanecía igual. Pero te digo, si quieres que alguien cambie, debes cambiar tu actividad imaginaria, porque es la única y sola causa de tu vida. Y puedes creer cualquier cosa dentro de ti si no aceptas los hechos que te dictan tus sentidos; pues nada es imposible de imaginar, y la imaginación – persistida en tu interior y creída – creará su propia realidad.

Ahora, todas las cosas existen en Dios, y él existe en ti y tú existes en él. Tu cuerpo eterno es la imaginación humana, y eso es Dios mismo. Tu imaginación es, en efecto, un cuerpo en el que todas las cosas están contenidas. Cuando imaginas, la cosa misma sale de ese cuerpo divino, Jehová. La historia de Jesús es un maravilloso misterio que no puede ser resuelto hasta que descubras, desde la experiencia, que él es tu propia maravillosa imaginación humana.

Se nos dijo que Dios habla al hombre en un sueño y se revela a sí mismo en una visión. Ahora, la visión es un sueño despierto como esta habitación, mientras que un sueño ocurre cuando no estás completamente despierto. Hace unos años esta visión fue mía: Fui llevado en espíritu a una de las primeras mansiones en la 5ta Avenida de Nueva York a comienzos de siglo. Cuando entré, vi que tres generaciones estaban presentes y escuché al hombre mayor hablándoles del secreto de su abuelo a los demás. Estas son sus palabras: "El abuelo solía decir, mientras estaba de pie en un solar vacío: 'Recuerdo cuando esto era un solar vacío.' Y entonces describiría una representación verbal de lo que él quería construir allí. Lo veía vívidamente en el ojo de su mente mientras hablaba, y con el tiempo se estableció. Fue por la vida de esa manera, realizando objetivamente lo que primero había afirmado subjetivamente."

Te digo: todo en tu mundo externo fue primero apropiado subjetivamente, no me importa lo que sea. El deseo puede ser tu solar vacío en el que puedes hallarte, recordando cuando lo que ahora tienes era sólo un deseo. Si ahora digo: "Recuerdo cuando di una conferencia en el Woman's Club de Los Ángeles" estoy dando a entender que yo ya no estoy allí y que estoy donde quiero estar. Recordando cuando eras pobre, te he sacado de la pobreza y te he puesto en la comodidad. Puedo recordar cuando estabas enfermo, al sacarte de la enfermedad y colocarte en el estado de salud. Si recuerdo cuando eras desconocido, eso implica que ahora eres conocido. Cambiando mi recuerdo de la imagen de ti, puedo ahora recordar cuando tú, con toda tu fama y fortuna, eras desconocido y no tenías dinero. Ese era el secreto del éxito del abuelo.

Esto es lo que aprendí en la visión. No dejes de lado este pensamiento pues me vino en una visión. En el 12º capítulo del Libro de los Números se dice que Dios habla al hombre por medio de los sueños y se da a conocer a través de la visión. Si Dios se te da a conocer a través de la visión y te habla en el sueño, ¿qué es más importante que recordar tus sueños y visiones? No puedes comparar el diario de la mañana o cualquier libro que puedas leer, con tu visión de la noche, pues esa es una instrucción de la profundidad de ti mismo.

Dios en ti te habla en un sueño, como lo hizo conmigo cuando me llevó en un viaje en el tiempo a esa mansión hermosamente personalizada en el cambio de siglo. Como espíritu, era invisible a los presentes, pero oía más claramente que ellos, y comprendía las palabras más gráficamente que ellos, porque tenían sus millones; ¿y quién le va a decir a alguien que ya tiene millones cómo obtenerlos? Me introduje en su entorno para conocer su historia, con el fin de compartirla con los que querrán oír y creer mis palabras y luego probarlas.

Esto no quiere decir que, sólo porque has escuchado mi visión vas a disfrutar de la riqueza; debes aplicar lo que has escuchado y recordar cuándo. Si dijeras: "Recuerdo cuando no podía permitirme el lujo de gastar 400 dólares al mes para el alquiler", estás dando a entender que bien puedes permitírtelo ahora. Las palabras: "Recuerdo cuando era un esfuerzo vivir con mi sueldo mensual", implica que has trascendido esa limitación. Puedes colocarte en cualquier estado recordando cuándo. Puedes recordar cuando tu amiga expresó su deseo de casarse. Recordando cuando estaba soltera, te estás persuadiendo (convenciendo) de que tu amiga ya no está en ese estado, ya que la has movido de un estado a otro.

Cuando digo que todas las cosas existen en la imaginación humana, me refiero a infinitos estados [de conciencia]; pues todo lo que sería posible de experimentar por ti ahora, existe en ti como un estado del que tú eres su poder operante. Sólo tú puedes hacer que un estado cobre vida. Tienes que entrar en un estado y animarlo a fin de que se plasme (manifieste) en tu mundo. Puedes luego volver a dormirte y creer que el hecho objetivo es más real que su estado subjetivo al cual has entrado; pero te puedo decir: todos los estados existen en la imaginación. Cuando un estado es penetrado subjetivamente, se vuelve objetivo en tu mundo vegetativo, donde tendrá muchos altibajos y desaparecerá; pero su forma eterna permanecerá para siempre, y puede ser reanimado y traído de vuelta a la existencia a través de la semilla del pensamiento contemplativo. Así que te digo: la cosa más creativa en ti es entrar en un estado y creerlo existente.

Ahora, la causalidad es el ensamblaje de estados mentales, que al suceder crea aquello que el ensamblaje implica. Digamos que tengo dos amigos que sentirían empatía conmigo (no confundir con simpatizar) si escucharan mis buenas noticias. Los pongo juntos y escucho (todo en mi imaginación) como hablan de mí y de lo que ha sucedido en mi vida. Siendo verdaderos amigos, escucho sus palabras de alegría y veo su felicidad reflejada en sus caras. Luego me permito hacerme visible a ellos y sentir su apretón de manos y su abrazo mientras acepto sus felicitaciones como un hecho. Ahora he ensamblado un estado mental, que al ocurrir, creó aquello que el ensamblaje implicaba; por lo tanto soy su causa. Mientras camino, creyendo firmemente en la realidad de lo que he hecho, y que ese acto imaginario se convierte en un hecho, puedo cuestionarme sobre la forma en que ocurrió. Entonces, recordando mi acto imaginario diría: "Lo hice". Si lo hice, entonces ¿no lo hizo Dios? Sí, porque Dios y yo somos el único "YO SOY".

¿Vas a seguir creyendo que hay otro en el exterior? ¿O vas a creer la gran confesión de fe, que te insto a aceptar? Es el gran Shemá: "Escucha, oh Israel, el Señor nuestro Dios, el Señor es Uno". Si el Señor es uno no puede ser dos; por lo tanto, si su nombre es YO SOY y tú dices "YO SOY", debes ser uno con el Señor que trajo el mundo a la existencia.

Escucha estas palabras: "Por medio de la fe entendemos que el mundo fue creado por la palabra de Dios, de modo que las cosas que son vistas fueron hechas de cosas que no se veían". Aquí vemos que la palabra de Dios es una actividad imaginaria que, unida a la fe, creó el mundo. Y la fe no es más que la apropiación

subjetiva de una esperanza objetiva. Ahora, cuando hablas de t
deseo conmigo, no puedes ver mi acto imaginario relativo a ti. S
me dices que necesitas un trabajo y yo acepto ese pensamiento
cuando pienso en ti recuerdo tu necesidad. Pero si cambié tu
palabras y te escuché decirme que amabas tu trabajo, podrí
recordar cuando necesitabas uno; porque ahora mi banco de
memoria contiene el hecho de que tú tienes un trabajo que t
gusta mucho. Y cuando nos reunamos otra vez me dirás que l
tienes y estarás sólo trayendo la confirmación de mi acto creativ
imaginario.

Ahora, si la imaginación trabaja de esta manera y se prueba a s
misma en el ensayo una y otra vez, ¿qué importa lo que e
mundo piense? No te cuesta nada intentarlo y el cambio que
producirá para ti en la vida será muy significante. Inténtalo
porque lo demostrarás en la ejecución.

Esto puede estar en conflicto con lo que crees que Dios es. Ta
vez todavía necesitas que sea alguien en el exterior, de modo
que hay dos [yoes] de ti y no uno. Está bien si es así, pero te
digo: Dios no se convirtió en ti para que hubiérais tú y Dios. Se
convirtió en ti, para que pudieras llegar a ser Dios. Si Dios se
convirtió en ti, su nombre debe estar en ti, y lo está; porque si te
pregunto algo, debes primero estar consciente de la pregunta
antes de que puedas responder, y tu conciencia es Dios.

Puedes no ser consciente de quien eres, de donde te encuentras
o de lo que eres; pero sabes que existes. Consciente de lo que
tus sentidos y razón dictan, puedes creer que estás limitado, que
eres indeseado, ignorado y maltratado; y tu mundo confirma tu
creencia en tu actividad imaginaria. Y si no sabes que tu
conciencia está causando este maltrato, culparás a todos menos
a ti; sin embargo te digo que la única causa de los fenómenos
de la vida es una actividad imaginaria. No hay ninguna otra
causa.

Si crees en los horrores del mundo tal como te son dados en el diario y en la televisión, tu creencia causa que los horrores continúen. Al creer las noticias de una escasez, comprarás lo que no necesitas aceptando ciegamente la presión de perpetuar una actividad imaginaria que te mantiene asustado. A lo largo de las escrituras se te dice que no dejes que se turbe tu corazón, que no te preocupes y que no temas. Si el miedo pudiera ser eliminado, no habría ninguna necesidad de psicólogos o psiquiatras. Es un montón de tonterías de todos modos. Cada día esta rama de la medicina cambia sus conceptos y siempre están en conflicto con respecto a como es la actitud del hombre hacia la vida.

Te digo: el vasto mundo entero está en tu imaginación humana ahora, y puedes producir de ella cualquier deseo creyéndolo existente.

En primer lugar, debes saber lo que quieres, luego crea una imagen [en tu imaginación] que lo cumpla. ¿Sabrían tus amigos lo que es y hablarían de ello? Imagina que están contigo ahora hablando de tu deseo cumplido. Podrías estar en un cóctel o en la cena de una fiesta que se está dando en tu honor. O tal vez es un pequeño encuentro mientras tomáis el té. ¡Crea una escena en el ojo de tu mente y cree en su realidad en tu interior! Ese estado invisible producirá el estado objetivo que deseas, pues toda realidad objetiva está producida solamente por la imaginación.

La ropa que ahora llevas puesta fue primero imaginada. La silla en la que estás sentado, la habitación que te rodea – no hay ninguna cosa aquí que no fuera primero imaginada; así que puedes ver que la imaginación crea la realidad. Si no lo crees, estás perdido en un mundo de confusión.

No hay ficción. Lo que hoy es ficción mañana será un hecho. Un libro escrito hoy como una historia ficticia sale de la imaginación de quien lo escribió, y se convertirá en un hecho en el mañana. Si tienes una buena memoria o un buen sistema de investigación, puedes encontrar los hechos de hoy. No todos los hechos se registran, porque no todos los pensamientos se escriben; sin embargo todas las personas imaginan. Un hombre que se sienta injustamente encarcelado y desee vengarse alborotará el mundo, porque todas las cosas por ley divina se mezclan con los demás seres. No puedes detener la fuerza que viene de alguien que está imaginando, porque detrás de la máscara que lleva, tú y él sois uno. Empieza ahora a tomar conciencia de lo que estás pensando, porque tal como piensas, imaginas. Sólo entonces puedes dirigir un buen rumbo hacia tu objetivo definido. Sin embargo, si pierdes de vista ese objetivo, puedes y serás movido por los aparentes otros seres. Pero si mantienes tu mente centrada en la conciencia de permanecer [enfocado] en tu meta, no puedes fallar.

El final de tu viaje es donde empieza tu viaje. Cuando me dices lo que quieres, no trates de decirme ni el medio ni la manera necesarios para conseguirlo, porque ni tú ni yo los conocemos. Sólo dime lo que quieres para que yo pueda oírte decirme que lo tienes. Si intentas decirme cómo se va a cumplir tu deseo, primero debo borrar ese pensamiento antes de que pueda reemplazarlo con lo que quieres ser. El hombre insiste en hablar de sus problemas. Parece disfrutar al contarlos una y otra vez y no puede creer que lo único que necesita hacer es formular su deseo claramente. Si crees que la imaginación crea la realidad, nunca te permitirás preocuparte por tus problemas, pues te darás cuenta de que al hacerlo los perpetúas aún más.

Así que te digo: lo más importante que puedes hacer es creer existente una cosa, al igual que nuestros padres fundadores hicieron. No tenían ningún ejemplo actual de democracia. Existió en Grecia hace siglos, pero falló porque los griegos cambiaron su actividad imaginaria. Podríamos hacer eso también. No pienses ni por un segundo que tenemos que continuar como una democracia. Podríamos estar bajo una dictadura dentro de veinticuatro horas, pues todo es posible. Si te gusta la democracia, debes estar constantemente vigilante para mantener vivos sus conceptos dentro de ti. Es la forma más difícil de gobierno. Un hombre puede expresar su opinión y organizar una protesta aquí, pero en otras formas de gobierno no podría hacer eso. Si quieres disfrutar de la libertad de una democracia, debes mantenerla viva siendo consciente de ella.

Ahora, si mantienes (sigues) esta ley, no tienes que transmitir lo que quieres; simplemente asumes que lo tienes, pues, a pesar de que tu mente racional y tus sentidos externos lo nieguen, si persistes en tu asunción tu deseo se convertirá en tu realidad. No hay límite para tu poder de creencia, y todas las cosas son posibles para el que cree. Sólo imagina qué enorme poder es ése. No tienes que ser agradable, bueno o sabio, porque cualquier cosa es posible para ti cuando crees que lo que estás imaginando es cierto. Ése es el camino hacia el éxito.

Creo que cualquier hombre que haya tenido éxito en la empresa de su vida ha vivido como si fuera exitoso. Viviendo en ese estado, él puede nombrar a aquellos que le ayudaron en la consecución de su éxito; y puede negar que siempre estuvo consciente del éxito, pero su conciencia forzó la ayuda que recibió.

Creer existente tu deseo es ejercer el maravilloso poder creativo que eres. Se nos dijo en el primer Salmo: "Bendito el hombre que se deleita en la ley del Señor. En todo lo que hace, prospera." Esta ley, como se explica en el Sermón de la Montaña, es psicológica. "Habéis oído que se dijo antiguamente, no has de cometer adulterio, pero yo os digo, cualquiera que desee a una mujer ya ha cometido adulterio con ella en su corazón". Aquí descubrimos que no es suficiente con frenar el impulso en el exterior. ¡Se comete adulterio en el momento en que se piensa el deseo!

Sabiendo lo que quieres, llévate hacia ello, pues el acto fue cometido en el querer. La fe debe ser añadida ahora, pues sin fe es imposible agradar a Dios. ¿Puedes imaginar un estado y sentir que tu acto imaginario es ahora un hecho? No te cuesta nada imaginar; de hecho estás imaginando a cada momento del tiempo, pero no conscientemente. Pero puedo decirte: si usas tu poder creativo imaginando que un deseo ya está cumplido, cuando lo consigas, las circunstancias parecerán tan naturales que será fácil negar que tu imaginación tuvo algo que ver con ello, y puedes fácilmente creer que hubiera ocurrido de todos modos. Pero si lo haces, habrás vuelto a dormirte otra vez.

Primero de todo, la mayoría de nosotros ni siquiera nos damos cuenta de nuestra propia cosecha cuando nos confronta. Y si recordamos que una vez lo imaginamos, la razón nos dirá que habría ocurrido de todos modos. La razón te recordará que conociste a un hombre (aparentemente por accidente) en una fiesta que estaba interesado en hacer dinero. Cuando escuchó tu idea, te envió a ver a su amigo, y mira lo que sucedió – así que realmente, hubiera sucedido de todos modos. Entonces, por supuesto, es fácil ignorar la ley, pero "Bendito es el hombre que se deleita en la ley del Señor. En todo lo que hace prospera".

No olvides la ley mientras estés viviendo en el mundo del César, y aplícala sabiamente; pero recuerda que no estás justificado por su uso. La justificación viene a través de la fe. Debes tener fe en la increíble historia en la que Dios prometió manifestarse de ti, ¡como tú! Esta es la promesa de Dios para todos, y a todos se les pide que la crean.

No es lo que eres sino lo que le confías a Dios hacer, eso es lo que te salva. Y en la medida en que confíes en Dios para que te salve, serás salvado. Pero él nos ha dado una ley psicológica para amortiguar los inevitables golpes de la vida. La ley es simple: "Como siembres, así cosecharás". Es la ley de igual engendra igual. Como imagines, así será tu vida. Sabiendo lo que quieres, asume la sensación que sería tuya si lo tuvieras. Persiste en esa sensación, y de una manera que no conoces ni podrías concebir, tu deseo se convertirá en un hecho. El abuelo hizo su fortuna estando en un solar vacío y diciéndose para sí mismo: "Recuerdo cuando esto era un solar vacío". Entonces él describiría una hermosa representación verbal de la construcción que deseaba [ver establecida] allí. Esta es una técnica maravillosa. Puedes recordar cuando estabas enfermo, eras desconocido, pobre o un fracasado. Recordando cuando eras, implica que ya no eres eso, y tu poder está en su implicación.

Usa la ley y te llevará de éxito en éxito según como concibas lo que el éxito es. En lo que a mí concierne, el éxito es cumplir la promesa, y no puedes hacer eso a través de la ley. La promesa se cumple a través de la fe. ¿Te estás manteniendo fiel a la fe? Examínate para ver si lo estás. Te he contado una historia eterna. Créela pero no la cambies. La historia es ésta: Dios se convirtió en ti para que tú puedas convertirte en Dios. Usa la ley para amortiguar los golpes mientras Dios mantiene su promesa; y entonces un día, cuando tu viaje haya terminado, dirás: "En tus manos encomiendo mi espíritu. Tú me has redimido, oh Señor, Dios fiel". Este es el clamor en la cruz. Encomienda tu espíritu a tu acto imaginario, relájate y quédate dormido sabiendo que su redención está asegurada. Entonces cuando menos lo esperes, Dios te demostrará que te ha redimido a través de despertar en ti, como tú. Luego nacerás, no de la sangre ni de la voluntad de la carne, ni de la voluntad del hombre, sino de Dios.

Ahora entremos en el silencio.

GUÍA PRÁCTICA

-

EJERCICIOS PRÁCTICOS

1. Ejercicio de "Recuerdo Cuándo": Cada noche, antes de dormir, elige un deseo que aún no se ha manifestado. Imagina que estás recordando cuándo no lo tenías, pero ahora lo das por hecho. Por ejemplo: "Recuerdo cuando vivía en aquel pequeño apartamento", mientras imaginas estar en una casa más grande y deseada.

2. Diálogo Interno con Amigos: Imagina a dos amigos hablando entre sí sobre tu éxito o logro deseado. Escucha cómo describen tu nueva realidad y cómo te felicitan por ello.

3. Revisión Creativa de un Momento de Desafío: Revive un momento reciente que te haya frustrado. Mentalmente, reescribe la escena para que termine de una manera que favorezca tus deseos o metas.

-

REFLEXIONES GUIADAS

1. ¿Qué creencias actuales limitan tu capacidad para asumir un estado deseado como real? ¿Son verdaderas o simplemente hábitos de pensamiento?

2. ¿Qué patrones emocionales repites cuando las cosas no salen como esperas? ¿Cómo podrías reinterpretarlos para avanzar hacia tus metas?

3. ¿Qué significa para ti vivir como si tu deseo ya estuviera cumplido? ¿Cómo cambiaría eso tu comportamiento diario?

-

CONCEPTOS DE PSICOLOGÍA POSITIVA

1. Creencias Positivas: Según la psicología positiva, cultivar una mentalidad orientada al crecimiento y al logro refuerza la capacidad para visualizar metas como si ya estuvieran cumplidas.

2. Resiliencia: Practica ver los desafíos como oportunidades de aprendizaje y crecimiento, alineándolos con el concepto de Neville de asumir estados deseados a pesar de las circunstancias.

3. Optimismo Intencional: Usa la imaginación para construir narrativas internas que fomenten la esperanza y la acción hacia tus objetivos, una práctica respaldada por investigaciones en psicología positiva.

-

CITAS DE TEXTOS ESPIRITUALES

1. Biblia (Hebreos 11:1): "Es, pues, la fe la certeza de lo que se espera, la convicción de lo que no se ve." Esto refleja el poder de creer en el estado deseado antes de que se manifieste.

2. Bhagavad Gita (Cap. 6, Verso 6): "El que ha conquistado su mente es amigo de su alma, pero el que no lo ha hecho es enemigo de sí mismo." Conecta con la necesidad de dominar la imaginación.

3. Tao Te Ching (Cap. 64): "Un viaje de mil millas comienza con un solo paso." Este verso se alinea con la idea de actuar desde el estado deseado, incluso en lo más pequeño.

-

PERSPECTIVAS DE AUTORES RELACIONADOS

1. Florence Scovel Shinn: En El Juego de la Vida y Cómo Jugarlo, Florence enfatiza que el uso del poder creativo de la palabra y la imaginación es clave para manifestar la realidad deseada.

2. Eckhart Tolle: Su obra El Poder del Ahora complementa las enseñanzas de Neville al sugerir que vivir en el momento presente permite experimentar el estado deseado como una realidad interna.

3. Deepak Chopra: En El Camino hacia el Amor, Chopra explora cómo la intención y el desapego trabajan juntos para manifestar lo que se desea, reflejando la necesidad de creer sin aferrarse.

CÓMO USAR TU IMAGINACIÓN

Neville Goddard
(1955)

El propósito de esta grabación es mostrarte cómo usar tu imaginación para lograr cada uno de tus deseos. La mayoría de las personas están totalmente inconscientes del poder creativo de la imaginación e invariablemente se inclinan ante los dictados de los "hechos" y aceptan la vida sobre la base del mundo exterior. Pero cuando tú descubres este poder creativo dentro de ti mismo, audazmente afirmarás la supremacía de la imaginación y pondrás todas las cosas en sujeción a ella. Cuando una persona habla de Dios-en-el-hombre, es totalmente inconsciente de que este poder llamado Dios-en-el hombre es la imaginación del hombre. ESTE es el poder creativo en el hombre. No hay nada bajo el cielo que no sea tan plástico como la arcilla del alfarero para el toque del espíritu formativo de la imaginación.

Una vez un hombre me dijo: "Sabes, Neville, me encanta oírte hablar sobre la imaginación, pero como yo lo hago, invariablemente toco el sillón con mis dedos y empujo mis pies en la alfombra sólo para mantener mi sentido de la realidad y la profundidad de las cosas." Bueno, indudablemente él está aún tocando el sillón con sus dedos y empujando sus pies en la alfombra. Bien, déjenme contarles de otra persona que no tocó con sus dedos y no empujó ese pie suyo sobre la plataforma del tranvía. Es la historia de una chica joven que acababa de cumplir los diecisiete. Era víspera de Navidad, y ella tenía el corazón triste, pues ese año había perdido a su padre en un accidente, y regresaba a lo que parecía ser una casa vacía. No estaba preparada para hacer nada, así que se consiguió un trabajo de camarera. Esa noche era bastante tarde, víspera de Navidad, estaba lloviendo, el coche estaba lleno de chicos y chicas riendo regresando a casa por sus vacaciones de Navidad, y ella no pudo contener las lágrimas. Afortunadamente para ella, como dije, estaba lloviendo, de modo que levantó su cara a los cielos para mezclar sus lágrimas con la lluvia. Y entonces, agarrada a la barandilla del tranvía, esto es lo que ella dijo: "Esto no es lluvia, ¿por qué?, esto es rocío del océano; y no es la sal de las lágrimas lo que saboreo, pues es la sal del mar en el viento; y esto no es San Diego, es un barco, y estoy entrando en la bahía de Samoa." Y ahí ella sintió la realidad de todo lo que había imaginado. Entonces llegó el final del viaje y todos salieron.

Diez días después esta chica recibió una carta de una firma de Chicago diciendo que su tía, varios años antes cuando navegó hacia Europa, les depositó tres mil dólares con instrucciones de que si ella no volvía a América, este dinero le debía ser pagado a su sobrina. Ellos acababan de recibir información de la muerte de la tía y estaban ahora actuando según sus instrucciones. Un mes después esta chica zarpó para Samoa. Cuando entraba en la bahía era tarde esa noche y había sal del mar en el viento. No estaba lloviendo, pero había rocío en el aire. Y sintió realmente lo que había sentido un mes antes, sólo que esta vez ella había realizado su objetivo.

Ahora, toda esta grabación es técnica. Yo quiero mostrarte hoy cómo poner tu maravillosa imaginación justo en la sensación de tu deseo cumplido y dejarla que permanezca ahí y caer dormido en ese estado. Y yo te prometo, por mi propia experiencia, que realizarás el estado en el que duermes – si pudieras efectivamente sentirte justo en la situación de tu deseo cumplido y continuar en ella hasta que te quedes dormido. Cuando te sientas justo en ella, permanece ahí hasta que le des todos los matices de la realidad, hasta que le des toda la vivacidad sensorial de la realidad. Mientras lo haces, en ese estado, tranquilamente quédate dormido. Y de un modo que nunca sabrás – tú nunca podrías concebir conscientemente los medio que se emplearían – te encontrarás moviéndote a través de un serie de acontecimientos que te llevan hacia la realizació objetiva de este estado.

Ahora, he aquí una técnica práctica: Lo primero que haces debes saber exactamente qué quieres en este mundo. Cuand sepas exactamente qué quieres, haz una representación ta parecida a la vida como sea posible de lo que tú verías, y de l que tocarías, y de lo que harías si estuvieras físicament presente y físicamente moviéndote en tal estado. Por ejemplo supón que yo quisiera una casa, pero no tuviera dinero – per aún así yo sé lo que quiero. Yo, sin tomar nada en consideración haría una representación tan parecida a la vida de la casa qu me gustaría, con todas las cosas en ella que yo querría. Y entonces, esta noche, cuando me fuera a la cama, lo haría e un estado, un estado somnoliento adormecido, el estado que bordea el sueño. Imaginaría que efectivamente estoy en tal casa que si saliera de la cama pisaría el suelo de esa casa; si saliera de esta habitación, entraría en la habitación adyacente a m habitación imaginada en esa casa. Y mientras estoy tocando el mobiliario y sintiendo que es sólidamente real, y mientras estoy pasando de una habitación a la otra en mi casa imaginaria, entraría en un profundo sueño en ese estado. Y yo sé que de un modo que conscientemente no podría concebir, realizaría mi casa. Lo he visto funcionar una y otra vez.

Si yo quisiera promoción en mi negocio me preguntaría a mí mismo: "¿Qué responsabilidades adicionales serían las mías si se me dieran esta gran promoción? ¿Qué haría? ¿Qué diría? ¿Qué vería? ¿Cómo actuaría? Y entonces, en mi imaginación comenzaría a ver y a tocar y a hacer y a actuar como yo exteriormente vería y tocaría y actuaría si yo estuviera en esa posición.

Si yo ahora deseara el compañero de mi vida, si ahora fuera en busca de alguna maravillosa chica o algún maravilloso hombre, ¿qué me encontraría yo haciendo realmente que implicara que he alcanzado mi estado? Por ejemplo, supón ahora que yo fuera una señora, una cosa que seguro que haría es que llevaría un anillo de boda. Tomaría mis manos imaginarias y sentiría el anillo que imaginaría que está ahí. Y seguiría sintiéndolo y sintiéndolo hasta que me pareciera que es sólidamente real. Le daría toda la vivacidad sensorial que soy capaz de dar a algo. Y mientras estoy sintiendo mi anillo imaginario – que implica que estoy casada – me dormiría. Esta historia se nos cuenta en El Cantar de los Cantares, o El Cantar de Salomón. Se dice: "De noche en mi cama le vi a quien mi alma amaba. Le encontré a quien mi alma amaba, y no le dejaría ir hasta que le hubiera traído a casa de mi madre, justo a la alcoba de ella que me concibió." Si yo tomara este bello poema y lo pusiera en español moderno, en lenguaje práctico, sería esto: "Mientras estoy sentado en mi silla yo me sentiría justo en la situación de mi deseo cumplido, y habiéndome sentido en ese estado, no lo dejaría ir. Conservaría ese estado de ánimo vivo, y en ese estado de ánimo me dormiría." Eso es llevarlo "justo a la alcoba de mi madre, a la alcoba de ella que me concibió."

Como sabéis, la gente está totalmente inconsciente de este fantástico poder de la imaginación, pero cuando el hombre comienza a descubrir este poder dentro de él, nunca desempeña el papel que anteriormente desempeñaba. No vuelve atrás y se convierte en un mero reflector de la vida; de ahí en adelante él es el afectador de la vida. El secreto de ello es centrar tu imaginación en la sensación del deseo cumplido y permanecer ahí. Pues en nuestra capacidad de vivir EN la sensación del deseo cumplido reside nuestra capacidad para vivir la vida más abundante. La mayoría de nosotros tenemos miedo de imaginarnos a nosotros mismos como individuos importantes y nobles, seguros de nuestra contribución al mundo sólo porque, en el mismo momento en que empezamos nuestra asunción, la razón y nuestros sentidos niegan la verdad de nuestra asunción. Parecemos estar en las garras de una urgencia inconsciente que nos hace aferrarnos desesperadamente al mundo de las cosas familiares y resistir todas esas amenazas de desprendernos de nuestros familiares y aparentemente seguros amarres.

Bueno, yo apelo a que lo intentes. Si lo intentas, descubrirás esta gran sabiduría de los antiguos. Pues ellos nos la contaron en su propia maravillosa y extraña forma simbólica. Pero desgraciadamente tú y yo malinterpretamos sus relatos y los tomamos por la historia, cuando ellos lo intentaron como enseñanza para simplemente conseguir cada objetivo nuestro. Como ves, la imaginación nos pone interiormente en contacto con el mundo de los estados. Estos estados existen, están presentes ahora, pero son meras posibilidades mientras pensemos EN ellos. Pero se convierten en todopoderosamente reales cuando pensamos DESDE ellos y moramos EN ellos.

Sabes, hay una amplia diferencia entre pensar EN lo que tú quieres en este mundo y pensar DESDE lo que tú quieres. Déjame que te cuente cuando por primera vez oí hablar de este extraño y maravilloso poder de la imaginación. Fue en 1933 en Nueva York. Un viejo amigo mío me lo enseñó. Fue al decimocuarto de Juan y leyó esto: "En la casa de mi Padre hay muchas mansiones. Si no fuera así, te lo habría dicho. Voy a preparar un lugar para tí, y si voy y preparo un lugar para tí, yo vendré de nuevo y te recibiré en mí mismo, para que ahí donde yo estoy tú puedas estar también." Me explicó que este personaje central de los Evangelios era la imaginación humana; esa "mansión" no era un lugar en alguna casa celestial, sino simplemente mi deseo. Si yo hiciera una viva representación del estado deseado y luego entrara en ese estado y permaneciera en ese estado, lo realizaría.

En ese momento yo quería hacer un viaje a la isla de Barbados, en las Indias Occidentales, pero no tenía dinero. Él me explicó que si yo esa noche, mientras dormía en Nueva York, asumía que estaba durmiendo en la casa de mi padre terrenal en Barbados y cayera en un profundo sueño en ese estado, yo realizaría mi viaje. Bueno, yo le tomé la palabra y lo intenté. Durante un mes, noche tras noche mientras me quedaba dormido yo asumía que estaba durmiendo en casa de mi padre en Barbados. Al final del mes llegó una invitación de mi familia invitándome a pasar el invierno en Barbados. Yo zarpé para Barbados a principios de Diciembre de ese año.

Desde entonces supe que había encontrado a este salvador en mí mismo. El viejo me dijo que nunca fallaría. Incluso después de que ocurrió, yo difícilmente podía creer que no habría ocurrido de todos modos. Así de extraño es todo esto. Reflexionándolo, sucede tan naturalmente que empiezas a sentir o a decirte a ti mismo: "Bueno, podría haber sucedido de todos modos", y rápidamente te recuperas de esta maravillosa experiencia tuya.

Nunca me falló si yo le daba al estado de ánimo, al estado de ánimo imaginado, vivacidad sensorial. Podría contarte innumerables historias de casos para mostrarte cómo funciona, pero en esencia es simple: Tú simplemente sabes lo que quieres. Cuando sabes lo que quieres, estás pensando en ello. Eso no es suficiente. Debes ahora empezar a pensar DESDE ello. Bueno, ¿cómo puedo pensar desde ello? Yo estoy aquí sentado, y deseo estar en otra parte. ¿Cómo puedo yo, mientras estoy sentado aquí físicamente, ponerme con la imaginación en un punto del espacio apartado de esta habitación y hacer que eso sea real para mí? Bastante fácilmente. Mi imaginación me pone en contacto interiormente con ese estado. Imagino que estoy efectivamente donde deseo estar. ¿Cómo puedo decir que estoy ahí? Hay un modo de demostrar que estoy ahí; pues lo que una persona ve cuando describe su mundo es, cuando lo describe, relativo a ella misma. Así, lo que el mundo parece depende enteramente de dónde yo estoy cuando hago mi observación. Así, si como yo describo mi mundo está relacionado con ese punto en el espacio que me imagino que estoy ocupando, entonces debo estar ahí. Yo no estoy ahí físicamente, no, pero ESTOY ahí en mi imaginación, ¡y mi imaginación es mi yo real! Y donde voy en mi imaginación y lo hago real, ahí iré en la carne también. Cuando en ese estado caigo dormido, está hecho. Nunca lo he visto fallar. De modo que esta es la sencilla técnica de cómo usar tu imaginación para realizar cada uno de tus objetivos.

He aquí un ejercicio muy sano y productivo para la imaginación, algo que deberías hacer diariamente: Revive diariamente el día como tú deseas haberlo vivido, revisando las escenas para hacerlas conformes a tus ideales. Por ejemplo, supón que el correo de hoy trajo noticias decepcionantes. Revisa la carta. Reescríbela mentalmente y hazla conforme a las noticias que tú deseas que hubieras recibido. O, supón que no recibiste la carta que deseas que hubieras recibido. Escribe la carta tú mismo e imagina que recibiste tal carta.

Déjame contarte una historia que tuvo lugar en Nueva York no hace mucho tiempo. Sentada en mi audiencia estaba esta señora que me había oído numerosas veces, y yo estaba contando la historia de la revisión – que el hombre, no conociendo el poder de la imaginación, se va a dormir al final de su día, cansado y agotado, aceptando como definitivos todos los acontecimientos del día. Y yo estaba intentando mostrar que el hombre debería, en ese momento antes de dormirse, reescribir el día entero y hacerlo conforme al día que deseaba haber experimentado. He aquí el modo en que una señora utilizó sabiamente esta ley de la revisión: Parece que hacía dos años ella fue echada de casa de su nuera. Durante dos años no hubo correspondencia. Había enviado a su nieto al menos dos docenas de regalos en ese intervalo, pero ninguno fue nunca reconocido. Habiendo oído la historia de la revisión, esto fue lo que hizo: Cuando se retiró por la noche, mentalmente construyó dos cartas, una imaginó que venía de su nieto, y la otra de su nuera. En esas cartas ellos expresaban un profundo afecto por ella y se preguntaban por qué no había llamado para verlos.

Hizo esto durante siete noches consecutivas, sosteniendo en su mano imaginaria la carta que ella imaginaba que había recibido y leyendo esas cartas una y otra vez hasta que se despertaba dentro de ella la satisfacción de haberlo oído. Entonces se dormía. Al octavo día recibió una carta de su nuera. Dentro había dos cartas, una de su nieto y otra de la nuera. Prácticamente reproducían las cartas imaginarias que esta abuela se había escrito a ella misma ocho días antes.

Este arte de la revisión puede ser utilizado en cualquier apartado de tu vida. Toma el tema de la salud. Supón que estuvieras enfermo. Trae ante tu ojo mental la imagen de un amigo. Pon en esa cara una expresión que implique que él o ella ve en tí lo que tú quieres que todo el mundo vea. Simplemente imagina que él te está diciendo que nunca te ha visto con mejor aspecto, y tú respondes: "Nunca me he sentido mejor." Supón que te heriste en el pie. Entonces haz esto: Construye mentalmente un drama que implique que estás andando – que estás haciendo todo lo que harías si el pie estuviera normal, y hazlo una y otra y otra vez hasta que tome los matices de la realidad. Siempre que haces en tu imaginación lo que te gustaría hacer en el mundo externo, eso HARÁS en el mundo externo.

El único requisito es despertar tu atención de un modo y con tal intensidad que te vuelvas completamente absorto en la acción revisada. Experimentarás una expansión y refinamiento de los sentidos con este ejercicio imaginativo y, finalmente, lograrás la visión en el mundo interior. La vida abundante que se nos prometió es nuestra para disfrutarla ahora, pero hasta que tengamos el sentimiento del creador como nuestra imaginación no podemos experimentarla. La imaginación persistente centrada en la sensación del deseo cumplido, es el secreto de todas las operaciones exitosas. Sólo este es el medio de cumplir la intención.

Cada etapa de progreso del hombre está hecha por el ejercicio voluntario consciente de la imaginación. Entonces comprenderás por qué todos los poetas han resaltado la importancia de la imaginación vívida controlada.

Escucha esto del gran William Blake:

"En tu propio pecho llevas tu cielo y tierra,

Y todo lo que contemplas, aunque parece fuera,

Está dentro, en tu imaginación,

De la cual este mundo de mortalidad no es sino una sombra".

Inténtalo y tú también comprobarás que tu imaginación es el creador.

GUÍA PRÁCTICA

-

EJERCICIOS PRÁCTICOS

1. Visualización Sensorial Nocturna: Antes de dormir, imagina que ya estás viviendo tu deseo cumplido. Por ejemplo, si quieres un nuevo empleo, visualiza cómo sería tu oficina, escucha las felicitaciones de tus compañeros y siente la textura de tu escritorio. Permanece en esa imagen hasta quedarte dormido.

2. Revisión Creativa del Día: Revive tu día y corrige mentalmente las escenas que no te gustaron. Por ejemplo, si tuviste un mal encuentro, imagina una versión alternativa y positiva de esa interacción.

3. Diario de Manifestación: Escribe cada día cómo te sentirías si ya hubieras alcanzado tus metas. Sé detallado en emociones y sensaciones.

-

REFLEXIONES GUIADAS

1. ¿Cómo reaccionas normalmente ante los desafíos? ¿Qué podría decir eso sobre tus creencias inconscientes?

2. Si nadie ni nada te limitara, ¿qué harías diferente en tu vida?

3. ¿Qué emociones necesitas cultivar para sentir que tu deseo ya está cumplido?

CONCEPTOS DE PSICOLOGÍA POSITIVA

1. Mentalidad de Crecimiento: Relaciona el cambio del Yo con la idea de que las habilidades y circunstancias pueden transformarse con esfuerzo y perseverancia.

2. Fluidez de las Emociones: Usa el concepto de "flow" para practicar la visualización, enfocándote completamente en el momento y el sentimiento de vivir tu deseo.

3. Optimismo Activo: Reconoce cómo visualizar el deseo cumplido desarrolla un pensamiento positivo que facilita alcanzar metas.

-

CITAS DE TEXTOS ESPIRITUALES

1. Biblia (Mateo 21:22): "Y todo lo que pidáis en oración, creyendo, lo recibiréis." Esto conecta con la fe en la visualización de Neville.

2. Bhagavad Gita (Cap. 2, Verso 47): "Tu derecho es únicamente a la acción, nunca a sus frutos. No dejes que los frutos del trabajo sean tu motivo." Recalca la importancia de centrarse en el proceso interno.

3. Tao Te Ching (Cap. 37): "El Tao nunca hace nada, pero no hay nada que no haga." Una reflexión sobre la quietud interna y el poder del flujo natural.

-

PERSPECTIVAS DE AUTORES RELACIONADOS

1. Joseph Murphy: En El Poder de tu Subconsciente, explica cómo visualizar lo deseado antes de dormir activa el subconsciente para materializarlo.

2. Earl Nightingale: Su idea de "Te conviertes en lo que piensas la mayor parte del tiempo" complementa la noción de habitar un estado mental deseado.

3. Wayne Dyer: En El Poder de la Intención, relaciona la intención consciente con la transformación personal, destacando la alineación de la mente con el propósito.

CAMBIANDO EL SENTIMIENTO DEL YO

Neville Goddard
(1953)

Para el beneficio de los que no estuvieron presentes el domingo pasado, déjenme que les haga un resumen rápido de lo que hemos expresado aquí. Declaramos que el mundo es una manifestación de la conciencia, que el ambiente, las circunstancias y las condiciones de la vida del individuo son tan solo la proyección hacia afuera del particular estado de conciencia en el que aquel individuo permanece. Por lo tanto, el individuo ve lo que sea que es él, por virtud del estado de conciencia desde el cual el mira al mundo. Cualquier intento de cambiar el mundo exterior antes de que cambie la estructura interna de su mente, es trabajar en vano. Todo sucede en orden. Todos aquellos que nos ayudan o nos ponen trabas, aunque lo sepan o no, son los sirvientes de esta ley, que constantemente moldea las circunstancias externas en armonía con nuestra naturaleza interna.

El domingo pasado les pedimos que distingan entre la identidad del individuo y el estado que están ocupando. La identidad del individuo es el Hijo de Dios. Es este tú, del que estoy hablando, y al que le estoy hablando, o que hablo de mí mismo, me refiero realmente a nuestra imaginación. Eso es permanente. Se fusiona con un estado y ése ser mismo, cree ser el estado con el que está fusionado, pero en cualquier momento del tiempo es libre de elegir el estado con el cual se identificará.

Y eso nos trae al tema de hoy, – Cambiando el sentimiento del "YO" –, y espero no recibir la misma reacción que fue escrita en el capítulo 6 del libro de Juan. Porque se nos dijo que cuando esto fue dado al mundo, todos lo abandonaron, y tan solo unos pocos se quedaron. Porque cuando él les dijo que no había nadie a quien cambiar excepto a uno mismo, ellos dijeron que esto era una enseñanza muy, muy difícil. Es algo muy difícil ¿Quién puede escucharlo? Porque él dijo, "Ningún hombre viene a mi salvo que yo lo llame". Y luego se dice que cuando lo repitió tres veces lo abandonaron, para nunca más caminar junto a él. Y él, se dirigió a los que permanecieron y les preguntó: ¿Ustedes también se marcharán?; y ellos le respondieron diciéndole: ¿A quién podríamos acudir? Tú tienes la palabra de la vida eterna. En otras palabras, es muchísimo más fácil cuando puedo culpar a alguien por mis desgracias, pero ahora que se me dijo que ningún hombre viene a mí a menos que yo lo llame, que yo soy el único arquitecto de mis fortunas y de mis desgracias, es algo difícil de decir, y entonces fue escrito "es algo difícil de decir ¿Quién puede escucharlo? ¿Quién puede aceptarlo? ¿Y quién puede creerlo?; y entonces él dijo: Y ahora me santifico a mí mismo para que ellos también sean santificados a través de la verdad" (aprox. Juan 17:19), porque si esto es la verdad, entonces no hay nadie a quien cambiar, a nadie a quien completar, nadie a quien purificar salvo a mí mismo.

Así que empezamos con el "Yo". La mayoría de nosotros, no tenemos la menor idea del propio ser que realmente apreciamos. Nunca le hemos observado verdaderamente al ser, así que no conocemos a este "ser", porque el "yo" no tiene ni cara, ni forma, ni figura, pero sí se moldea a sí mismo en la estructura de todo a lo que le da consentimiento, de lo que cree, y muy pocos de nosotros sabemos realmente en lo que creemos. No tenemos la menor idea de las innumerables supersticiones y prejuicios que están formando este "YO" interno y sin forma, moldeándolo en una forma que luego es proyectada, como el ambiente de ese hombre, como las condiciones de su vida.

Así que, léelo cuidadosamente cuando llegues a tu casa, "Ningún hombre viene a mí salvo que yo lo llame. Ustedes no me eligieron a mí; yo los elegí a ustedes". (aprox. Juan 6:44); "Ningún hombre me puede quitar la vida; yo mismo la entrego" (Juan 10:18). No hay ningún poder que me quite nada que no sea parte de la organización interna de mi mente. "Todo lo que me has dado, me lo he quedado, y nada se pierde, salvo el hijo de la perdición o la creencia en Dios, y como nada puede ser perdido salvo la creencia de perder, yo no asumiré ahora la pérdida de nada de lo que me hayas dado que sea bueno. Así que me santifico a mí mismo para que ellos sean santificados por la verdad." (Leer Juan 17: del 12 al 19)

Ahora, ¿Cómo vamos a cambiar el "yo"? Primero que nada, debemos descubrir el "yo", y hacemos esto al observar sin juzgar, a nuestro ser. Esto revelará a un ser que te dejará perplejo. Estarás totalmente… no diría aterrado, pero quizás avergonzado en admitir que nunca haz conocido criatura tan primitiva. A punto tal que si hubiera sido Dios mismo el que se acercara a esta forma despreciable, lo hubieras negado mil veces antes de que el gallo pudiera cantar. No podrás creer que éste es el ser con el que has andado, y al que has protegido, al que has excusado y justificado. Luego comienzas a cambiar a este ser, a través de la observación no crítica, y descubres a ese ser. Porque la aceptación del propio ser es la esencia del problema moral del mundo. Es el epítome de la verdadera observación de la vida, porque es la única causa de todo lo que observas.

Tu descripción del mundo es una confesión de tu propio ser que tú no conoces. Tú describes a otro, tú describes a la sociedad, tú describes lo que sea, y tu descripción de la cosa que observas, revela a alguien que conoce esta ley, quién eres realmente. Así que primero tienes que aceptar a ese propio ser. Cuando ese ser es aceptado, puedes comenzar a cambiar. Es mucho más fácil tomar las virtudes de los evangelios y aplicarlas como la palabra de la vida, amar al enemigo, bendecir a aquellos que nos maldicen, y alimentar a los hambrientos. Pero cuando el hombre descubra que, el ser que debe ser alimentado, el ser que debe ser vestido, el ser que debe ser protegido, el enemigo más grande de todos, es ese propio ser, entonces ahí se avergüenza, completamente avergonzado de que eso eran aquellos seres; porque era más fácil cuando tenía que compartir con otro algo que poseía, o llevar un abrigo que me sobra y dárselo a otro, pero sé que la verdad no es esa. Comienzo con mi propio ser, habiendo descubierto esto, y comienzo con el cambio de ese ser.

Ahora, déjenme que les cuente una historia. Hace unos años atrás, yo estaba en esta ciudad dando una serie de conferencias cerca de ese lago – no me puedo ni acordar el nombre del lago, pero hablé en la zona de Parkview Manor – y en esa audiencia había un caballero que buscaba quién lo escuche antes de la reunión. Y cruzamos la calle y fuimos a un pequeño parque que había allí, y él me dijo que tenía un problema que no tiene solución. Yo le dije: "No existe semejante cosa como un problema que no tiene solución". Él dijo: "Pero, usted no conoce mi problema. No es un estado de salud, se lo aseguro; se trata de la piel que yo tengo". Yo le dije: ¿Qué problema tiene con su piel? Yo la veo maravillosa". Él me dijo: "Mire el pigmento de mi piel. Yo por accidente de nacimiento, ahora soy discriminado por ella. Las oportunidades para progresar en este mundo me son negadas tan solo por el accidente de nacimiento, porque nací como hombre de color. No tengo las oportunidades para avanzar en cualquier campo; hay vecindarios en los cuales me gustaría vivir y desarrollar una familia, y no puedo mudarme allí; donde me gustaría abrir un negocio, y no puedo mudarme a esa área."

Luego le conté mi propia experiencia personal, de cuando vine a este país. Yo no tenía su problema, pero yo era un extranjero entre medio de los Norteamericanos. A mí no me pareció difícil. Él me dijo: "Pero ese no es mi problema, Neville. Otros han venido aquí hablando con un acento, pero no tienen mi piel, y yo nací Norteamericano." Luego le conté una experiencia que tuve en la Ciudad de Nueva York. Si yo tuviera que nombrar a un hombre al que considero mi maestro, yo hablaría de Abdullah. Yo estudié con este caballero por cinco años. Él tenía el mismo color de piel, el mismo pigmento que este caballero. Él no permitía nunca que nadie se refiera a él como un hombre de color. Él estaba muy orgulloso de ser un negro y no quería ninguna modificación de cómo Dios lo había hecho. Se dirigió hacia mí y me preguntó: ¿Alguna vez has visto una foto de la Esfinge?, yo le dije: "Sí". Él me dijo: "Personifica a los cuatro cuartos del Universo. Tienes al león, al águila, al toro y al hombre. Y aquí está el hombre que es la cabeza.

La corona de esa criatura llamada la Esfinge, que todavía desafía el conocimiento del hombre para descifrarla, fue coronada con la cabeza de un humano. Y mira cuidadosamente a la cabeza, Neville, y verás que quien sea que moldeó esa cabeza debe haber sido un negro. Quien sea que la haya modelado tenía la cara de un negro, y si eso aún, desafía la capacidad del hombre para descifrarlo, yo estoy muy orgulloso de ser un negro." Yo he visto a científicos, doctores, abogados, banqueros de todo tipo de niveles, tratando de conseguir una reunión con Abdullah, y todos los que iban a él se sentían honrados al ser admitidos a su hogar y obtener una entrevista con él. Si a él lo invitaban a algún evento, que lo invitaban siempre, él era siempre el invitado de honor. Él me dijo: "Neville, debes primero comenzar contigo mismo. Encuentra a tu propio ser, nunca estés avergonzado por el ser que tú eres. Descúbrelo, y comienza el cambio de ese propio ser."

Bueno, yo le dije a este caballero exactamente lo que me enseñó Abdullah, que no había causa afuera del orden de su propia mente. Si él era discriminado, no era por culpa del pigmento de su piel, aunque él me haya mostrado carteles gigantes que le prohibían acceso a ciertas áreas. Los carteles estaban allí sólo porque en las mentes de algunos hombres se formaron tales patrones y atraen hacia ellos lo que ahora condenarían. No hay poder afuera de la mente del hombre que pueda afectar al hombre, y que él, por el orden de su propia mente, al dar consentimiento a estas restricciones desde la cuna y siendo condicionado lentamente durante su juventud, llegando a su adultez creyendo que será siempre atacado, entonces tendrá que ser siempre atacado, porque "ningún hombre viene a mí salvo que yo lo llame".

Entonces alguien viene, para condenarme o alabarme. No podrían venir a menos que yo los haya llamado. No me refiero a un hombre llamado Neville, me refiero a ese ser secreto que no se llama Neville. El ser secreto es la suma total de todas mis creencias, es todas las cosas a las que les doy consentimiento, que forman un patrón de estructura, ese ser secreto atrae hacia sí mismo las cosas que están en armonía consigo mismo. Bueno, este hombre se fue y luchó consigo mismo. Él no podía creer todo lo que le dije, no aquella noche, pero el domingo pasado por la mañana, vino hacia mí y renovamos la amistad. Me llevó al lado, para mostrarme los frutos de esta enseñanza.

Me dijo: "Neville, me llevó casi tres años para realmente superar esa idea fija de que yo, por accidente de nacimiento, sería un ciudadano de segunda, pero la superé. Ahora, aquí está mi oficina en Wilshire Boulevard. Elegí ésta, no porque era la única que me ofrecieron; de hecho me han ofrecido otras cuatro oficinas igualmente hermosas. Elegí ésta porque tenía mejores facilidades telefónicas, pero las otras eran igual de buenas. Ahora, ésta es mi oficina. Tú no podrías adivinar mi salario con solo ver mi oficina, aunque sea tan bonita. Todo es agradable en esta oficina, Neville, pero este año recibiré un cuarto de millón de dólares." Bueno, en Norteamérica eso es una fabulosa suma de dinero. Sería deslumbrante en cualquier otra parte del mundo, pero aun así en la fabulosa Norteamérica, que un hombre reciba un cuarto de millón de dólares es realmente algo de las grandes ligas. Y ese era el hombre que hace unos años me dijo que el mundo entero estaba en su contra por la mera razón de accidente de nacimiento. Él sabe ahora, que él es quien es por virtud del estado de conciencia con el cual él se identifica, y la elección es suya si quisiera volver a las restricciones de su niñez cuando se creía esa historia, o continuar en la libertad que ha encontrado.

Así que tú y yo podemos ser cualquier cosa que deseemos ser en este mundo, si claramente definiéramos nuestro objetivo en la vida, y lo ocupáramos constantemente. Debe ser habitual. El concepto que tenemos de nuestro propio ser que es noble, no debemos ponérnoslo tan solo por un momento y sacárnoslo cuando salgamos de esta iglesia. Aquí nos sentimos libres; sentimos que tenemos algo en común; por eso es que estamos aquí, pero ¿nos pondremos ese concepto noble, que ahora sostenemos de nuestro propio ser, cuando salgamos por esas puertas y nos subamos al autobús? ¿O volveremos a las restricciones que sosteníamos, antes de venir aquí? La elección es nuestra, y la lección más difícil de aprender es que no hay nadie en este mundo que puedas atraer hacia a ti, a menos que tú, y solamente tú, lo llames.

Así que no hagas lo que hicieron miles de años atrás, porque eso es el comienzo de la separación de la gran verdad. Así que se nos dijo que ellos le dieron la espalda, para nunca más volver a escucharla, y tampoco les agradó a los pocos que permanecieron, pero ¿a dónde podrían ir, si esta es la palabra de la verdad eterna? No es que vaya a suceder hoy en día, pero si esta es la ley de ser, y sigue vigente en todas las dimensiones de mi ser, si esto es eternamente verdad, entonces déjame aprender la lección ahora, aunque tenga que luchar conmigo mismo como lo hizo él, hace tres años.

Así que el cambiar el sentimiento del "yo", es una cosa selectiva porque innumerables estados son infinitos estados, pero el "YO" no es un estado. El "YO", cree ser el estado, cuando entra en él y se fusiona con él. Este hombre, fue presentado con un estado y sin la facultad de discernir en su juventud, él se fusionó con ese estado y creyó que estas restricciones eran ciertas, y le llevó tres años para desasociar el "YO" de esas ideas fijadas con las que ha vivido por tantos años. Ahora, a ti te podrá llevar tan solo un momento, o quizás tú también necesites tus tres años. No puedo decirte cuánto tiempo te va a llevar, pero te puedo decir lo siguiente: Puede ser medido por el sentimiento de naturalidad. Tú puedes llevar puesto un sentimiento, hasta que se sienta natural. En el momento en que ese sentimiento se convierta en natural, comenzará a dar fruto dentro de tu mundo.

He contado esta historia en una pequeña reunión aquí en la ciudad, y no muchos hicieron preguntas al respecto. Pero tres personas preguntaron: "Pero ese hombre, seguro tenía dinero desde antes. Él seguro conocía a la gente indicada. Él debía tener seguramente, de alguna manera, fondos para comenzar, porque: ¿Cómo puedes salir a prestar cien millones de dólares y llamar a eso, un hecho real, que realmente tienes eso para prestar, y decirme que no había nadie que lo haya tenido antes, o tú, tú mismo, no lo tenías?". Yo no le pregunté al caballero los hechos individuales del caso. Yo fui a la oficina, la vi, yo no miré sus libros contables; él me dio esta información voluntariamente, y me habló del número de un cuarto de millón de dólares por año. Yo no he chequeado ni verificado de ninguna forma esta declaración; yo le creí implícitamente. Pero yo no me dejaré llevar por aquellos que creen que a menos que tengas ciertas cosas para comenzar, no puedes aplicar esta ley.

Tú puedes comenzar ahora desde cero, y elegir el ser que quieres ser. Tú no vas a cambiar el pigmento de tu piel, pero te darás cuenta que tu acento, o tú pigmento de piel, o tú tal llamado "origen racial", no serán tus trabas, porque si un hombre es alguna vez trabado, sólo puede ser el estado de conciencia en el cual él mora lo que lo está trabando. El hombre es liberado o suprimido por razón del estado de conciencia en el que persiste. Si tú persistes en él, bueno, te diré "entonces persiste en él", pero te advierto que a nadie le importará, y eso es un golpe terrible cuando un hombre descubre que a nadie, a nadie más que a él mismo le importa. Así que nos encontramos a nosotros mismos llorando con nosotros mismos en la esperanza de que otros vengan a llorar con nosotros. Y que horrible baldazo de agua fría cuando llega el día en que nos damos cuenta que nunca le importó a nadie realmente.

Cuando descubrimos eso, nos sacudimos hasta salir de ese estado, y osadamente nos apropiamos del regalo que nuestro Padre nos dio desde antes de que el mundo existiera. Así que déjenme que les muestre el regalo. Ustedes han leído el Padre Nuestro, posiblemente todos los días, pero ustedes leyeron una oración que es una traducción de una traducción, que no revela lo que el evangelista quería decir. La verdadera traducción, la encontrarán en el trabajo de Ferrar Fenton, donde la oración original fue escrita en el modo pasivo imperativo, que es una orden permanente, algo que debe ser hecho absoluta y continuamente. Para que ahora puedas observar a tu universo como una vasta maquinaria interconectada donde todas las cosas suceden.

No hay nada que tenga que crearse, todas las cosas están sucediendo, así que fue escrita de esta manera: "Tu voluntad debe estar siendo hecha. Tu Reino debe estar siendo traído." Es la única manera en que lo podrías expresar si quisieras expresar el modo imperativo pasivo. Pero desde el latín del cual nuestra traducción fue hecha, no hay modo imperativo pasivo. Así que la tenemos de la manera en que la tenemos, pero no revela la intención de los misterios. Si tú vieras, que todas las cosas son ahora, que tú no te conviertes, tú simplemente eliges el estado que ocuparías. Al ocuparlo, pareciera que te estás convirtiendo, pero esto ya es un hecho, cada aspecto de ese estado en el más minúsculo detalle, ya está elaborado y ya está tomando lugar. Tú, al ocupar el estado, pareciera que vas a través de la acción de desarrollar ese estado, pero el estado ya está completamente terminado y ya está tomando lugar. Así que, ahora puedes elegir el ser que quieres ser y, al elegir cualquier ser que no sea el que ya estás expresando ahora, tú comienzas a cambiar el sentimiento del "YO".

Ahora, ¿cómo sabré que he cambiado el sentimiento del "YO"? Al comenzar, primero, con una observación no crítica de mis reacciones a la vida, y luego notando mis acciones cuando pienso que estoy siendo identificado con mi elección. Si yo asumo que soy el hombre que quiero ser, déjame que observe mis reacciones. Si son las mismas que eran antes, yo no me he identificado con mi elección, porque mis reacciones son automáticas así que si yo hubiera cambiado, yo cambiaría automáticamente mis reacciones a la vida. Así que el cambio del sentimiento del "YO" resulta en un cambio de reacción, y dicho cambio de reacción es un cambio de ambiente y de comportamiento.

Pero déjenme que les advierta lo siguiente: Un poquito de alteración de nuestros humores (ánimos) no es una transformación; no es un cambio real de conciencia. Porque si cambiara mi humor por un momento, podría rápidamente ser reemplazado por otro humor en dirección contraria. Cuando yo dije que he cambiado, como ese caballero cambió su humor, su humor básico, su estado de conciencia, significa que habiendo asumido que soy lo que en el momento me niega, lo que mi razón me niega, permanezco en ese estado lo suficiente como para hacer que el estado sea estable. Así, todas mis energías fluyen desde ese estado. Yo ya no pienso sobre ese estado. Yo estoy pensando desde ese estado. Así que cuando un estado crece hasta permanecer estable, a punto tal que definitivamente expulsa hacia afuera todos sus rivales, entonces ese estado de conciencia central y habitual desde el cual pienso, define mi carácter, y es una verdadera transformación o cambio de conciencia.

Cuando llego a ese estado de estabilidad, entonces observa cómo mi mundo se moldea a sí mismo en armonía con mi cambio interno. Y los hombres vendrán a mi mundo, la gente vendrá a ayudarme, y ellos creerán que es idea suya la de querer venir a ayudarme. Ellos tan solo están jugando su papel. Ellos deben hacer lo que hacen, porque yo he hecho lo que hice. Habiéndome mudado de un estado a otro estado, he alterado mi relación pertinente al mundo que me rodea, y esa relación cambiada obliga un cambio en comportamiento relativo a mi mundo. Así que ellos tienen que actuar de manera diferente hacia conmigo.

Así que, al cambiar el "YO", tú comienzas con el deseo, lo cual desarrollaremos y explicaremos mañana por la noche. Porque comienza con el deseo. El deseo es de donde comienza la acción, porque tú debes querer ser otro de quien ya eres. Nosotros fallamos, porque no nos enamoramos lo suficiente con una idea. Yo diría que, no somos movidos lo suficiente para querer ser otro del que ya somos. Si yo pudiera lograr que tú te enamores completamente de un estado, a punto tal que tu mente fuera poseída por él, yo casi que podría profetizar que tú, en un futuro no muy distante, externalizarías ese estado en tu mundo. Y la razón por la cual fallamos es porque no estamos lo suficientemente hambrientos para cambiar. Porque, o no conocemos la ley, o no tenemos la urgencia o el hambre para realmente hacer el cambio.

Porque el cambio del sentimiento del "YO" resulta en el cambio de reacción, y el cambio de reacción resulta en un cambio de tu mundo. Si a ti te gusta tu mundo, y eres complaciente al respecto, todavía no has comenzado el camino de los misterios, porque el primerísimo estado de éxtasis, apela a alguien que no es complaciente. "Bienaventurados los pobres en espíritu" (Mateo 5: 3). Tú debes ser pobre en espíritu, no complaciente y no satisfecho. El hombre que piensa que por causa de nacimiento, que la religión que heredó al nacer es suficiente para él, que no está insatisfecho; él no es, yo diría, movido. Ese ser es complaciente y por lo tanto no es pobre en espíritu; él es muy rico en espíritu. El Reino de los Cielos no es para ellos. Porque si yo pudiera provocarte, si pudiera hacerte sentir insatisfecho contigo mismo, entonces reconocerías a ese ser y te propondrías cambiarlo. Porque el único campo de actividad del hombre está dentro de él, y sobre él mismo. Tú no trabajas en el otro. El día que cambias a tu ser, ese día tu cambias tu mundo.

Ahora, veo que mi tiempo está llegando a su pronto final. Así que en los minutos restantes que tengo aquí, no te apresuraré, porque si vienes a la reunión de mañana sin tener mucha hambre, no te beneficiaría, pero sí espero, que muchos de ustedes estén allí. Aun si estás conmigo a punto tal que quieres intentarlo, yo te diría que desapruebes lo que te dije, yo aceptaría ese desafío, porque en el intento de refutarlo, yo sé que si tú fueras sincero en tu intento de lograrlo, tú lo comprobarías. Así que espero que muchos de ustedes vengan y tomen este festín con nosotros. Estaremos aquí en la ciudad en el Teatro Ebell por 15 noches, de lunes a viernes como les dijo el Señor Smith, por tres semanas consecutivas. Si no pueden venir a todas las noches, aunque espero que muchos sí puedan, entonces elijan el título que les atraiga más.

Mañana a la noche, para mi es lo básico; es la importancia de definir una meta en este mundo, de tener un objetivo, porque sin una meta, estás sin dirección. Y tú has sido advertido en el Libro, en la epístola de Santiago que: "El hombre de doble ánimo es inestable en todos sus Caminos. No piense, pues, ese hombre, que recibirá cosa alguna del Señor; porque él es semejante a la ola del mar, impulsada por el viento y echada de una parte a otra" (leer Santiago 1: del 6 al 8). Ese hombre nunca llega a su objetivo. Así que tú debes tener una meta, y mañana por la noche, les mostraremos la importancia de definir el deseo. Existen ciertas escuelas que te enseñan que debes matar el deseo; nosotros te enseñamos cómo intensificar el deseo, y os mostramos el motivo de por qué lo enseñamos, os mostramos lo que la Biblia enseña sobre el deseo.

Y ahora, les daremos la ayuda que muchos de ustedes nos han pedido hoy. Aquellos que no estuvieron aquí el domingo, déjenme que les recuerde que es una técnica muy simple. Como les dije el domingo, cada vez que tú ejercitas tu imaginación, y que lo haces amorosamente en representación de otro, tú estás mediando a Dios por el hombre. Así que nos sentamos calladamente, y simplemente nos convertimos en imitadores de nuestro Padre. Y Él llamó al mundo para que existiera, a través de ser la cosa que él llamaría. Así que nos sentamos, y escuchamos como si oyéramos a alguien felicitándonos por haber encontrado lo que buscábamos. Así que vamos al final del asunto y escuchamos tal como si lo hubiéramos oído, y miramos tal como si hubiéramos mirado, y de esta manera tratamos de sentirnos a nosotros mismos, justo en medio de la situación de nuestras oraciones respondidas, y allí esperamos en el silencio por aproximadamente dos minutos, y apagaremos las luces para ayudarte.

Y déjenme que les recuerde que si quieres limpiar tu garganta
por favor hazlo. Si quieres cambiar tu posición en la silla, hazlo
Siente como si estuvieses solo en casa, porque si no lo haces
intentas no molestar al que está al lado, no podrás ejercitar tu
imaginación en representación de nadie. Ahora tomaré la silla,
tan solo escucha atentamente, como si lo hubieras oído. Te hare
esta promesa: el día que estés muy quieto en la mente,
realmente estés atento, oirás como si viniera de afuera, lo que
realmente estás susurrando desde adentro.

GUÍA PRÁCTICA

-

EJERCICIOS PRÁCTICOS

1. Visualización No-Crítica: Cada noche, antes de dormir, cierra los ojos y visualiza el estado deseado como si ya fuera real. Hazlo en primera persona, sintiendo las emociones que experimentarías en ese estado.

2. Registro de Reacciones: Durante el día, lleva un diario donde anotes cómo reaccionas ante situaciones cotidianas. Esto te permitirá identificar patrones del "Yo" que debes transformar.

3. Actúa como Si: Dedica 10 minutos al día a comportarte como si ya vivieras en el estado deseado. Por ejemplo, si deseas prosperidad, actúa y habla como alguien que ya es próspero.

-

REFLEXIONES GUIADAS

1. ¿Qué creencias actuales limitan tu visión de ti mismo? ¿De dónde provienen?

2. ¿Cómo reaccionas cuando las circunstancias parecen contradecir tus deseos? ¿Qué podrían revelar esas reacciones sobre tu estado interno?

3. Si fueras completamente libre para elegir cualquier estado del ser, ¿quién serías? ¿Qué te impide adoptarlo ahora?

-

CONCEPTOS DE PSICOLOGÍA POSITIVA

1. Florecimiento Personal: Relaciona la práctica de cambiar el sentimiento del "Yo" con el concepto de bienestar integral en psicología positiva, enfatizando el crecimiento personal y la autorrealización.

2. Optimismo Aprendido: Enseña a los lectores a reinterpretar eventos negativos como oportunidades para evolucionar hacia un estado de conciencia más elevado.

3. Autoeficacia: Introduce cómo el cambio del "Yo" fortalece la creencia en la capacidad para alcanzar metas, alineándose con la teoría de Albert Bandura.

-

CITAS DE TEXTOS ESPIRITUALES

1. Biblia (Romanos 12:2): "No os conforméis a este siglo, sino transformaos por medio de la renovación de vuestro entendimiento, para que comprobéis cuál sea la buena voluntad de Dios, agradable y perfecta."

2. Bhagavad Gita (Cap. 6, Verso 5): "Que uno se eleve a sí mismo por su propia mente, no se degrade. Porque la mente es la amiga del alma condicionada, y también su enemiga."

3. Evangelio de Tomás (Dicho 3): "Si sacas a la luz lo que hay dentro de ti, lo que sacas te salvará. Si no lo sacas, lo que no saques te destruirá."

-

PERSPECTIVAS DE AUTORES RELACIONADOS

1. Joseph Murphy: Autor de El Poder de tu Subconsciente, quien también aboga por la importancia de reprogramar la mente subconsciente para lograr cambios duraderos.

2. Wayne Dyer: En su libro Tus Zonas Erróneas, enfatiza la responsabilidad personal como clave para transformar la vida, resonando con las enseñanzas de Neville.

3. Florence Scovel Shinn: En El Juego de la Vida y Cómo Jugarlo, resalta el poder de las afirmaciones y la visualización como herramientas para crear realidades deseadas.

EL PODER LLAMADO "LA LEY"

Neville Goddard
(21-04-1969)

Cualquier presentación de una doctrina debe demostrar que tiene una referencia específica hacia la vida ahora, así como en lo sucesivo, porque el hombre secularizado (no religioso) está mucho más interesado en el presente que en el futuro. Por lo tanto, si quisieras interesar a alguien en la verdad, primero debes apelar al poder que ellos pueden experimentar aquí y ahora; pues la promesa es tan fantástica que si ellos la escucharan primero podrían rechazarla con disgusto. Muéstrales lo que pueden hacer aquí mismo y ahora. Capta su interés en el poder llamado "La Ley", y entonces quizás desearán conocer la promesa.

Déjame compartir contigo ahora un par de historias que un caballero compartió conmigo esta semana. Él dijo: "Hace como diez días mi esposa me habló de una niña pequeña de tan sólo catorce meses de edad que había desarrollado tumores en el cuello en el que, cuando el médico extirpó y examinó un bulto, habían signos de cáncer. Tres especialistas fueron traídos y cada uno por separado había declarado que la niña tenía cáncer. Sólo un médico, observando los resultados, cuestionó el veredicto. Pero mantuvieron a la niña en el hospital para examinarla más detenidamente. Mientras escuchaba su historia modifiqué la voz de mi esposa hasta el punto que ni siquiera podía oír lo que ella estaba diciendo, pero oyendo su voz, reconstruí la historia y escuché su revisión en el ojo de mi mente. Esa noche mientras me quedaba dormido escuché de nuevo y oí [en mi imaginación] a mi esposa contándome la historia revisada. A los pocos días los médicos hicieron otro examen de

otro bulto y la votación fue unánime, la niña no tenía cáncer. Y
puesto que no le realizaron ningún tratamiento de recuperació[n]
en el hospital, determinaron que ella nunca tuvo cáncer, ya qu[e]
sin tratamiento la niña no hubiera podido superar la enfermeda[d].
Cuando mi esposa escuchó el nuevo veredicto le contó a l[a]
abuela y a la madre lo que yo había hecho, pero ellas no podía[n]
creer que un acto imaginario tuviera algún poder de causalidad.

Para el mundo es el colmo de la locura creer que la imaginació[n]
crea la realidad, sin embargo, todo místico sabe que cada efect[o]
natural tiene una causa espiritual. Una causa natural es sól[o]
aparente. Es una ilusión de este mundo, pues la memoria de[l]
hombre es tan pobre que no puede relacionar lo que est[á]
teniendo lugar ahora con un acto imaginario anterior. Siempr[e]
buscando la causalidad física, el hombre no puede creer qu[e]
imaginó algo que pudo haber producido semejante efecto físico,
sin embargo, te digo: mientras te sientas a solas e imaginas,
estás poniendo una causa en movimiento, y cuando veas su[s]
efectos puedes negar el estado imaginario, pero tu "ahora" est[á]
vivo y es real para ti a causa de un acto imaginario de tu parte [y]
por ninguna otra razón. Tu imaginación pone todo e[n]
movimiento, pero tu memoria es deficiente; por eso puedes
considerar tonto a alguien que afirma que la vida está causada
por la imaginación – pero Blake te llamaría idiota razonador, n[o]
hombre de imaginación. Pues bien, mi amigo continuó diciendo:
"La otra noche conduciendo para casa desde el trabajo estuve
pensando que podría utilizar un poco más de dinero, ya que e[l]
Tío Sam [el gobierno de los EEUU] estaría haciendo demandas
[o cobrando impuestos] sobre mis ingresos. Entonces empecé a
imaginar dinero hermoso, verde y crujiente lloviendo sobre mí.
Por cerca de un minuto me perdí en una pequeña lluvia de diner[o]
verde. Después el tráfico exigió mi atención y asumí mi estado
normal de alerta y olvidé por completo mi acto imaginario hasta
la mañana del quince de abril. En esa fecha mi jefe entró en la
oficina y dijo: 'Usted recibirá un aumento de diez por ciento de

sueldo retroactivo a partir del primero de abril,' y me entregó un cheque."

Ahora, permíteme advertirte esta noche, espera hasta llegar a casa para probarlo. ¡Es mucho mejor imaginar el dinero crujiente cayendo en tu cama que en la autopista! Pero hazlo, pues te digo que todo es un acto imaginario. No hay tal cosa como la causalidad física. Es todo imaginario, pero el mundo no lo aceptará. Se ríen del hombre de la imaginación pero no pueden refutarlo. Un hombre puede físicamente golpear a otro. Esa fue la causa física mientras que el golpe que recibió fue el efecto; por lo tanto todo el suceso pareció estar construido físicamente, pero te pregunto: ¿qué precedió el impulso de golpear? Ese impulso fue la causa invisible, que fue un acto imaginario. El mundo es traído a la existencia por medio de la imaginación y es sostenido por la imaginación, y cuando la imaginación ya no lo sostiene, se disuelve y no deja ningún rastro. Uno debe abordar el Evangelio en este nivel primero. Si el interés de alguien se despierta en este nivel y la persona comprueba que es verdad en el ensayo, entonces puede que se interese en oír acerca de la promesa.

Ahora vuelvo al tema de la niña. Según los juicios de los estándares humanos la ropa (el cuerpo físico) que ella se pone tiene tan sólo catorce meses, pero la portadora de esa ropa es tan antigua como Dios mismo, y Dios no tiene principio ni final. Él nos eligió en su interior, no cuando salimos del vientre de nuestra madre, sino antes de la fundación del mundo. Antes de la creación física tú y yo fuimos escogidos en su interior para un propósito, pues sin propósito ¿qué tendría importancia si la muerte fuese el fin? Muchos tiranos creen eso [que la muerte es el fin], y con ese tipo de pensamientos no los puedes culpar por ser tiranos. Si tú creyeras que con la muerte se acababa todo sin duda harías lo mismo que ellos. Estarías de acuerdo con Macbeth cuando Shakespeare le hizo decir: "Es un cuento contado por un idiota, lleno de ruido y furia que no significan nada". Eso es lo que el mundo tendría que ser si no hubiera ninguna promesa, ningún propósito o significado detrás de él. Pero si captas el interés de ellos por la ley lo suficiente como para que la prueben y ésta se demuestre en la práctica, entonces puedes contarles la más grande historia del mundo con la esperanza de que la creerán o empezarán a creerla.

Absolutamente nada dicho de Jesús puede probarse en el exterior. Él sólo puede ser conocido por los visionarios. Mientras estoy viviendo en este cuerpo mortal y soy conocido sólo por la máscara que llevo, la increíble historia llamada Cristo Jesús se ha desarrollado en mí. Te he tomado, mi amigo, dentro de mi confianza y he compartido mis experiencias contigo con la esperanza de que me creerás. Me ves estando vivo y bien, sin embargo, yo sé lo que es ser crucificado, sepultado y resucitado. Mientras que en mi cuerpo celestial elegí a uno de entre vosotros para ofrecerle mis ojos inmortales que han sido dirigidos hacia dentro, no hacia afuera, esta confirmación de mis palabras puede provenir de ella. Ella me ha visto clavado en una cruz, que fue quemada en el suelo [y reducida a cenizas,] desprendiendo luz líquida dorada en su base, exactamente como le dije que me sucedió a mí. Nadie puede convencerla de que no tuvo esa experiencia, más de lo que alguien podría convencerme a mí de que no la tuve yo.

Ahora esta dama sabe quien es Jesús. Conociéndome como un hombre con todas las debilidades de la carne y sus limitaciones, ella ha ido más allá de la máscara a través de la visión y ha visto quien es Jesús realmente. Él me ha dado a conocer el misterio de su voluntad conforme a su propósito que estableció en Cristo como un plan para la plenitud de los tiempos, que pueda unir todas las cosas en él – las cosas del cielo y las cosas de la tierra. Jesús es el plan de salvación de Dios que está en ti. Ese plan ha entrado en erupción en mí y he compartido mis experiencias contigo que has venido aquí, y también en mi libro "Resurrección".

Ahora, sólo el visionario, sólo él que tiene los ojos inmortales, conocerá realmente quien es Jesús, porque él es de arriba y no es de este mundo en absoluto. Fue él quien dijo: "Vosotros sois de abajo y yo soy de arriba. Vosotros sois de este mundo y yo no soy de este mundo"; sin embargo, a lo largo de la historia, el hombre ha estado buscando a Jesús en Oriente Próximo. Aquellos que no han tenido las visiones afirman que conocen el lugar donde fue crucificado y enterrado, el camino que anduvo, e incluso afirman tener un pequeño pedazo de madera de la cruz en la que fue clavado. Perpetúan una tradición, invalidando la palabra de Dios como se nos dijo en el capítulo 15 de Mateo. Manteniendo vivas las tradiciones de un Jesús físico, la verdad ha sido anulada, ya que Jesús no es un ser físico sino un patrón enterrado en cada uno. Cuando este patrón hizo erupción en mí, yo estaba tan sorprendido como cualquiera podría estarlo, y aunque aún permanezco en esta pequeña y débil prenda de carne y continúo sufriendo a través de todas las tentaciones del mundo, no puedo negar mis visiones.

Ahora le he dado mis ojos inmortales a alguien que a su vez se los dio a otro, que a su vez se los dará a otro, de modo que todos puedan convertirse en testigos oculares, como habla Lucas en el principio de su historia, diciendo: "Puesto que muchos se han comprometido a compilar un relato de las cosas que se han cumplido entre nosotros, tal y como nos fueron presentadas por aquellos que desde el principio fueron testigos oculares...". Luego él agregó este pensamiento: "...y ministros de la palabra, me ha parecido bueno también a mí, escribir un relato, el muy excelente Teófilo, acerca de las cosas que se han cumplido entre nosotros". Lucas fue capaz de contarle a todos los que aman a Dios (llamados Teófilo) la verdad debido a los testigos oculares. Pero cuando los testigos oculares parten de este mundo los ministros se multiplican. Son hombres sin visión que nunca conocieron al que, mientras caminaba en la carne, dio sus ojos a los que dieron testimonio de su historia. Habiendo presenciado el drama según se desarrollaba en él, ellos parten de este mundo y dejan solamente a los ministros de la palabra, que construyen organizaciones y hacen un pequeño dios del hombre que, así como todos los demás hombres, experimentó el plan de salvación de Dios en él. No dicen nada de la erupción del patrón, sino sólo del hombre exterior – cuando no hay un Jesús exterior.

Podrías buscar desde ahora hasta el final de los tiempos y nunca encontrar ninguna prueba convincente de la historicidad de un tal llamado Jesús – sin embargo, es real. Él es tu verdadero ser, tu esperanza de gloria. ¿No te das cuenta de que Cristo Jesús está en ti? A menos, claro, que falles en cumplir la prueba. Ponle a prueba en su nivel. Pon a prueba tu poder creativo, llamado la ley. Imita a mi amigo y permite que una lluvia suave de dinero caiga sobre ti. Cree que lo has recibido y lo recibirás. Luego comparte tu conocimiento con otros y muéstrales que las escrituras tienen una referencia específica hacia la vida, ¡ahora! No empieces con el más allá. Puedes hablarles de la promesa más tarde. Y recuerda: nada es imposible para la imaginación y el mundo es creado en la imaginación.

Como un ser racional no eres responsable de hacer que nada suceda. Pero como un hombre de imaginación ¡simplemente lo imaginas sucediendo! Mi amigo no sabe nada sobre el cáncer. Si viera una célula cancerosa bajo un microscopio no la reconocería. No es un doctor y no sabe más sobre el cuerpo humano que yo, pero sabe lo que su esposa le diría si el veredicto fuera revocado y la niña estuviera bien. Cuando su esposa le habló a su amiga del acto imaginario de su marido, la amiga (como el mundo) rechazó la idea, pues no pudo creer que la causación era mental. Para ella todo tiene una causa física y debe ser curada físicamente, sin embargo te digo: la vida misma es un viaje imaginario. Mi amigo escuchó a su esposa hablándole de la niña y entonces, sabiendo lo que quería escuchar, cambió sus palabras en su imaginación. Eso es todo lo que hizo. Y esas palabras no podían regresar a él vacías, sino que tenían que realizar lo que propuso en su interior. No hizo nada en el exterior para hacerlo suceder. Simplemente se mantuvo fiel a su acto imaginario y se cumplió.

Te pido que lo pongas a prueba, y luego vuélvete a tus vecinos y diles: "¿Se os ha ocurrido pensar que vuestro mundo está causado, no por lo obvio, sino por un acto imaginario invisible?" Puedes interesarlos de esta manera y si lo haces, pedirles que lo prueben. Si lo hacen y llega a pasar entonces puedes presentarles la promesa. Puedes decirles como su débil y pequeña vestimenta se transforma mientras ellos se elevan desde la muerte hacia la vida eterna. Te digo: serás un ser completamente transformado con rostro, manos y voz humanos; pero la forma que llevas no puede ser descrita como otra cosa que luz.

Lo único que separa al hombre del resto de la creación es su mano. El mono no tiene una mano [como la del hombre]. No puede dar forma, pero con una mano puedes empezar a construir. La primera palabra en el nombre YOD HEY VAV HEY significa "mano". Es la mano del creador que da forma. Si no pudieses hacer prendas de vestir para tu cuerpo tendrías que ir desnudo, pero con una mano puedes convertirte en la imagen del Padre, que es un ser de fuego al que despertarás y conocerás que eres tú mismo.

La mayoría de la gente a la que le hables no te escuchará. Prefieren seguir siendo el mismo pequeño ser que creen que son y continuar llevando un vestido de carne y huesos que debe ser llevado al baño varias veces al día para realizar sus funciones normales. ¿Puedes imaginar el infierno que experimentarías si

la restauración fuese perpetuada para siempre? Pero este no e
el cuerpo que llevas puesto cuando sabes que eres Dios. E
completamente diferente. Es un cuerpo celestial, un cuerpo d
fuego y aire en el que estás destinado a despertar, pues ese e
el único cuerpo que todos estaremos conscientes de ser. Per
mientras estés aquí no olvides la ley. Úsala a cada momento de
tiempo. Nada está más allá de tu capacidad para imaginarlo. N
es tu responsabilidad hacer que suceda, simplemente imagin
que es así y ¡deja que así sea! Así es como el mundo en qu
vivimos vino a la existencia.

Antes de que me juzgues te pido que pongas a prueba mi
palabras. Sería absurdo juzgar algo que no has probado. H
conocido a aquellos que dicen que no les gusta algo a pesar de
que nunca lo han probado, pero te digo: puedes adquirir gust
por cualquier cosa. Recuerdo la primera vez que comí una ostra
Yo tenía alrededor de once años de edad cuando mi madre y y
visitamos la pequeña isla de St. Croix. En aquellos días no habí
hoteles, sólo casas de huéspedes y todos nos sentábamos en l
misma mesa común. Todo el mundo allí hablaba danés y yo n
podía entender ni una sola palabra de lo que estaban diciendo
por lo que miré e hice lo mismo que ellos estaban haciendo. E
la bandeja delante de mí había un plato con seis pequeñas cosas
colocadas en conchas. Como yo nunca antes había visto nad
como eso, miré a la anfitriona. Ella cogió un tenedor pequeño, l
metió en una de esas cosas, y al ponérselo en la boca su car
estalló en una sonrisa maravillosa. Esperando lo mismo, cogí mi
tenedor, lo metí en la cosa y me la llevé a mi boca. Bueno, no
podía bajar [por la garganta] ni podía escupirla. Paralizado, me
di cuenta de que si moría en el intento tenía que tragar esa cosa,
y cuando lo hice miré hacia abajo y me puse verde cuando me
di cuenta de que tenía cinco más para comer. Pero lo hice, y
ahora me encantan las ostras de cualquier forma.

Por eso digo: puedes adquirir gusto por cualquier cosa en este mundo al igual que en el mundo celestial. Comienza con la ley. Aprende cómo funciona, y después de probarla en el ensayo, [de comprobar que funciona en la práctica,] es posible que desees descubrir quién es realmente Jesús. Puedes haber sido enseñado a creer que una mujer llamada María fue fecundada por Dios y dio a luz a un hijo físico que fue llamado Jesús; pero te digo: soy una persona normal, no educado anteriormente, casado, una vez divorciado, con dos hijos – pero he experimentado todo lo dicho de Jesucristo en el evangelio. Y le he dado mis ojos inmortales a una amiga (que se casó dos veces, con hijos de dos hombres diferentes) de modo que ella pudiera verme colgando de una cruz que fue incendiada y reducida hasta fundirse en luz dorada y líquida. Al ver el cuerpo que duerme en la cama situada en una plataforma, y luego en una cruz, ella ha visto el cuerpo que yo llevo por la noche, y ahora sabe quién es realmente Jesús. No, él no es la pequeña prenda de carne que llevas puesta, sino un patrón eterno de redención que duerme en ella. Se despertó en un ropaje que el mundo conoce como Neville. Habiendo despertado, sé que yo soy Aquel que se convirtió en la humanidad para que la humanidad pudiera convertirse en Dios.

Dios ahora duerme en ti. Él se despertará y tú experimentarás el drama idéntico, según consta en los evangelios, de una persona llamada Jesucristo, porque no hay otro y nunca habrá otro ser. Aquellos que han sido enriquecidos por la ley que les has enseñado pueden alejarse de ti, porque a las tradiciones les toma bastante tiempo morir, como se nos dijo en el capítulo 15 del Libro de Mateo: "Por motivo de vuestras tradiciones habéis anulado la palabra de Dios". Manteniendo vivas las tradiciones a través del uso externo de todas estas túnicas tontas e insignificantes de color rojo y púrpura, los millones de irreflexivos se consideran a sí mismos bendecidos si, mientras el grandioso pasa por su lado caminando, ellos tocan su ropa, o asisten a un servicio donde él da misa. Pero debido a aquellas creencias tradicionales la palabra de Dios se anula.

Te estoy contando lo que sé por experiencia. Tómame en serio, porque debo partir pronto y aquellos de ustedes que tienen sus ojos internos abiertos verán como les he dicho que lo harían. Entonces partirán dejando atrás solamente a los ministros, que convertirán mis experiencias en sus conceptos institucionales y una vez más anularán la palabra de Dios.

Esta noche usa la ley y comprueba su poder al convertirte en el hombre que te imaginas ser. Pero no olvides la promesa, ya que sin la promesa ¿qué importaría si fueras el dueño de la tierra? Recientemente he leído el libro que la hija de Stalin escribió sobre su padre. En él ella cuenta que estuvo presente cuando su padre murió. Dijo que él estaba paralizado de un lado, su cerebro se había ido, y era físicamente ciego; sin embargo vio algo que le hizo levantar su mano buena y moverla, mientras una expresión de odio extremo cubría su cara. Era como si estuviera desafiando al mismo diablo que estaba de pie delante de él. Podría haber visto una imagen compuesta de las veinte millones de vidas que destruyó, personificadas como un solo hombre, causando que su pequeña mano se levantase en desafío mientras se marchaba. No creía en la vida después de la muerte. No creía que podía ser restaurado a la vida, por lo tanto se sentía libre para hacer todo y cualquier cosa que quisiese hacer. De pie en el balcón viendo a miles de personas animándolo, [seguramente] diría: "¡Locos!" Los veía como la paja de la vida, pero a día de hoy estas personas triviales engrandecen a Stalin como si se tratase de una figura importante de la historia. Pero, él tiene que enfrentarse consigo mismo ahora. Ya no más interpretando el papel de Stalin, el mismo ser es ahora un hombre joven, saludable y fuerte, continuando su vida, haciendo algo que es coherente con su vida para llevar a cabo ese plan de salvación llamado Jesús, que – oculto en él – negó mientras estaba aquí.

Te pido que uses este poder llamado la ley. Simplemente determina qué es lo que quieres e imagina una escena que implique que lo has realizado. Entra en el espíritu de la escena. Participa en ella dándole viveza sensorial. Luego relájate mientras sientes su realidad. No consideres los medios. Sé consciente de que tu deseo es ya un hecho cumplido y que lo estás disfrutando ahora. Entonces ten fe, porque la fe es lealtad a tu realidad invisible. Tu acto imaginario, aunque invisible, es una realidad porque Dios lo hizo. Si te preguntara quién lo está imaginando, responderías: "YO SOY" y ese es el nombre de Dios por siempre y para siempre.

Aprende a vivir en tu imaginación mañana, tarde y noche. Este caballero cuyas experiencias he compartido contigo esta noche me dijo que cuando me escuchó por primera vez pensó que yo estaba loco; pero él lo puso a prueba, y aunque no tenía sentido le funcionó. Sé que la ley y la promesa no tienen sentido desde un punto de vista mundano, sin embargo te digo: hay un plan de redención enterrado en ti que entrará en erupción en la plenitud de los tiempos y experimentarás todo aquello dicho en las escrituras de un hombre llamado Jesús. Entonces sabrás que él nunca fue un ser físico, sino el nombre de un plan. Jesús es Jehová, que es tu propio maravilloso YO SOY.

La raíz de la palabra griega traducida como "reunir" en la expresión usada en el primer capítulo de Efesios es "cabeza". Ahí es donde todos nos reuniremos juntos, porque ahí es donde fuimos todos crucificados y enterrados. Y es desde la cabeza que resucitamos. Al regresar de este mundo externo, nos reunimos todos juntos en el único estado que está en la cabeza. James Dean dijo una vez: "El creador de esta infinita unidad se parece a un cerebro infinito y nosotros a nada más que las células cerebrales en la mente del soñador". ¡Y ahora las células cerebrales se expanden dentro de este cerebro único!

Ahora entremos en el silencio.

GUÍA PRÁCTICA

-

EJERCICIOS PRÁCTICOS

1. Revisión Creativa: Cada noche, antes de dormir, elige un evento del día que no te gustó y reescríbelo en tu imaginación como si hubiera salido de la mejor manera posible. Revive esa versión idealizada hasta que se sienta real.

2. Lluvia de Abundancia: Imagina billetes de dinero cayendo sobre ti o en tu cama. Siente la textura y la emoción de recogerlos, reforzando la creencia de que estás atrayendo abundancia.

3. Escucha Imaginaria: Escucha en tu imaginación a un ser querido felicitarte por algo que deseas lograr. Por ejemplo, si buscas un ascenso, imagina que un amigo te llama para felicitarte por ello.

-

REFLEXIONES GUIADAS

1. ¿Qué patrones de pensamiento o creencias te están limitando para imaginar y aceptar un futuro diferente?

2. ¿Cómo reaccionas cuando las circunstancias inmediatas contradicen lo que has imaginado? ¿Puedes persistir en tu visión?

3. ¿Qué cambios podrías realizar en tu estado interno para alinear tu vida con tus deseos más profundos?

CONCEPTOS DE PSICOLOGÍA POSITIVA

1. Creencias Positivas y Resiliencia: Practicar la creencia de que los pensamientos tienen poder fortalece la resiliencia ante adversidades y fomenta el optimismo.

2. La Psicología del Éxito: Las investigaciones muestran que imaginar metas cumplidas activa patrones cerebrales que facilitan su logro, alineándose con la enseñanza de Neville sobre "La Ley".

3. Visualización y Motivación: La psicología positiva enfatiza el uso de la visualización como herramienta para motivar acciones coherentes con nuestras metas.

-

CITAS DE TEXTOS ESPIRITUALES

1. Biblia (Marcos 11:24): "Por tanto, os digo que todo lo que pidáis en oración, creed que lo habéis recibido, y os será dado." Esto refuerza la importancia de asumir la realidad de lo deseado.

2. Bhagavad Gita (Cap. 4, Verso 7): "Cada vez que el Dharma disminuye y prevalece la injusticia, yo me manifiesto." Conecta con la idea de que el poder divino se manifiesta en nosotros cuando persistimos en la verdad interior.

3. Isaías 55:11: "Así será mi palabra que sale de mi boca; no volverá a mí vacía, sino que hará lo que yo quiero." Resalta la manifestación de lo imaginado como inevitable.

-

PERSPECTIVAS DE AUTORES RELACIONADOS

1. Joseph Murphy: En El Poder de tu Subconsciente, Murphy destaca cómo las imágenes mentales y las afirmaciones programan el subconsciente para crear la realidad deseada.

2. Rhonda Byrne: En El Secreto, Byrne desarrolla cómo la ley de atracción actúa como un reflejo de los pensamientos y emociones predominantes, complementando las ideas de Neville.

3. Napoleon Hill: En Piense y Hágase Rico, Hill describe cómo el deseo intenso, combinado con una visión clara, puede materializar resultados extraordinarios.

ORDENA TUS CONVERSACIONES RECTAMENTE

Neville Goddard

Como se nos dijo en Salmos 50: "Al que ordenare sus conversaciones rectamente yo le mostraré la salvación de Dios." (Salmo 50:23, Versión del Rey Jaime)

¿Tenemos algunas instrucciones en las Escrituras respecto a cómo ordenar nuestras conversaciones rectamente? Las tenemos en el capítulo 4 de Efesios. Se nos dice: "Deja tu antigua naturaleza que pertenece a tus anteriores conversaciones... y adopta la nueva naturaleza." (Efesios 4:22,24, Versión Standard Revisada, excepto para la palabra "conversaciones" que figura sólo en la versión Rey Jaime)

Si la "antigua naturaleza" pertenece a las "anteriores conversaciones," entonces la "nueva naturaleza" tiene que tener nuevas conversaciones. "Adopta la nueva naturaleza, creada según la imagen de Dios."

Ahora bien, ¿qué es esta "naturaleza"? "Naturaleza es el principio del que dependemos para la perpetuación de la forma en la vida transmitida."

Si mis conversaciones determinan las cosas que se proyectan sobre la pantalla del espacio en mi mundo, hasta que yo no cambie mis conversaciones no puedo cambiar las formas. Pues ese es el principio del que el hombre depende para la "perpetuación de las formas en la vida transmitida." Si esas formas que salen – buenas, malas e indiferentes, – son los resultados de mis conversaciones, entonces debo cambiar mis conversaciones.

Se nos dice en un libro antiguo, un libro escrito en el Siglo Primero, yo tengo una traducción de Walter Scott, se llama "La Hermética", y en él se dice: "Dios ha dado dos regalos al hombre sólo, y a ninguna otra criatura mortal. Estos regalos son la Mente y el Habla. Y esos regalos, si son utilizados rectamente, no diferirán en nada de los Inmortales." Ahora, cuando el hombre deja el cuerpo, – "Cuando él abandona el cuerpo, ellos serán sus guías, y por ellos será llevado a la Compañía de los Dioses y las almas de aquellos que alcanzan la felicidad."

Sólo al hombre es dado el regalo de la Mente y el Habla. Ahora yo podría contarte la historia de cuán fácil es de hacer; pero hacerlo, puedo decirte, realmente es difícil. Tú pensarás, ¿por qué?, ciertamente yo puedo cambiar mis conversaciones habituales, y luego permanecer fiel al cambio. Pero somos criaturas de hábito.

Así Shakespeare diría en "El Mercader de Venecia", donde puso las palabras en boca de Porcia: "Si hacer fuera tan fácil como saber lo que hay que hacer, las capillas serían iglesias y las cabañas de los pobres, palacios de príncipes. Es un buen predicador el que sigue sus propias instrucciones; puedo más fácil enseñar a veinte lo que sería bueno hacer, que ser uno de los veinte en seguir mi propia enseñanza." (Acto 1, Escena II)

Así que es simple en la superficie, pero en la práctica no es tan simple como parece ser. Pero si un hombre pudiera sólo tomar una conversación interna y controlarla, – una conversación que implique el cumplimiento de su sueño – y permanecer fiel a esa conversación interna; este diálogo interno – un diálogo interno controlado – posiblemente sería la más fructífera conversación de tu vida.

El hombre habla durante todo el día internamente. Puede refrenar el impulso de decirlo externamente. Puede sentir como si lo dijera, pero él se ha cultivado – es una persona educada; se siente bajo restricción. Podría sentir como diciéndote que te vayas al diablo, pero refrena el impulso de decirlo audiblemente. ¡Pero lo ha dicho! Nació con el impulso.

Si sólo pudiera ahora tomar mi objetivo en este mundo y atreverme a asumir que lo he conseguido, y luego mantener conversaciones internas, conversaciones desde la premisa de esa asunción, pondría esto a prueba y lo demostraría. ¿Conseguiría realmente un cambio de forma en mi mundo? Estoy hablándote desde mi propia experiencia; lo conseguiría. Obviamente lo conseguiría.

Como se nos dijo en Isaías, capítulo 55: "Y la palabra que sale de mi boca no retornará a mí vacía; debe cumplir lo que yo propongo, y prosperar en la cosa para la que yo la envié." (Isaías 55:11)

Pero tú dirás, este es el Señor hablando, y ciertamente el Señor puede hacer eso. Bueno, ahora déjame citar las últimas palabras de David como se dice en el capítulo 23 de Samuel II – y estas son las últimas palabras de David: "El Espíritu del Señor está sobre mí, su palabra en mi lengua" (Samuel II 23:2). El "Espíritu del Señor"; él nunca tuvo esa revelación hasta ese momento. Él se da cuenta ahora de que todo el tiempo todo sobre su lengua fue el Señor hablando.

"El Señor habla por mí y su palabra está en mi lengua" La palabra "Señor", como te dijimos antes en esta serie, – si de algún modo conlleva el sentido de algo externo, externo a tu propio ser, tienes al Señor equivocado. Si la palabra "Jesucristo" conlleva el sentido de algo existente fuera del hombre, tienes al Jesucristo equivocado. Pues Jesucristo está en nosotros; y si Él está en nosotros, y por Él todas las cosas son hechas y sin Él no se hubiera hecho nada de lo que fue hecho, y Él es llamado la "Palabra de Dios", y tu entiendes que la palabra misma fue creada por la Palabra de Dios, – y David nos dice que Dios está en su lengua. La palabra misma de Dios está en su lengua. Entonces se nos dice: "Yo soy el Señor. No hay otro Dios. Fuera de Mí no hay ningún dios." (Isaías 45:5)

¿Es verdad? Bueno, tú y yo somos llamados a ponerlo a prueba. ¿Puedo ahora efectivamente, en este mismo momento, construir una simple conversación que, si fuera verdad, implicaría que yo realizo mi objetivo? ¿Puedo luego ser fiel a esa conversación, o me desviaré de ella? Bueno, te estoy diciendo que es muy difícil. Parece tan simple. Yo ciertamente podría tomar una pequeña conversación entre un amigo y yo, en un diálogo, y decirle que todas las cosas son como me gustaría que fueran, que tengo esta meta y esa meta, y "¿Te das cuenta, lo he realizado? Todo vino tan simplemente y tan naturalmente; todo cayó en su lugar." ¿Podrías realmente creer eso?

Bueno, la cosa es intentarlo. Ver cuánto tiempo puedes mantener esa conversación sin desviarte. Lo he intentado una y otra vez. Cada vez que yo logro mantenerla a donde pido con las palabras, – pero para citar de nuevo a Shakespeare: "Es una gran virtud, y el que puede hacerlo, es una noble virtud" seguir tu propia instrucción. Así que yo puedo enseñarte. Es fácil, mucho "más fácil enseñar a veinte lo que sería bueno hacer, que ser uno de los veinte en seguir mi propia enseñanza."

Pero ahora dejadme compartir con vosotros una historia que conozco bien, la historia de mi padre. El nació siendo un blanco muy pobre en la isla de Barbados. Mi madre nació pobre. Ella no tenía nada, él no tenía nada. Y ellos empezaron a tener hijos. Doce hijos nacieron; dos murieron al nacer, diez sobrevivieron.

El no tenía nada. Cómo él localizó esto, no lo sé, pero la primera vez que él me oyó hablar en Nueva York fue un domingo por la mañana, y cuando regresamos al apartamento dijo, "Sabes, todo lo que dijiste esta mañana es verdad. ¿Pero por qué le dices a la gente que cierren los ojos? No cierres los ojos. Manténlos parcialmente cerrados. Puedes controlar tu imaginación y puedes controlar tu atención mejor si los ojos no están completamente cerrados. Cuando tú me ves por la mañana después del desayuno reclinado en mi sillón, podrías pensar que estoy sólo durmiendo la mona, – "porque él es bebedor". Podrías pensar que estoy simplemente durmiendo la mona. No estoy durmiendo nada, estoy haciendo mi trabajo del día entonces. Traigo ante mi ojo mental a los hombres con los que quiero tratar ese día, y controlo la conversación. Les digo exactamente lo que quiero decirles, como si fuera de verdad. Les dejo que me hablen – confirmo que es verdad; y luego cuando estoy completamente satisfecho con mi conversación interna, entonces me voy a la ciudad. Y funciona de ese modo."

Ahora, el comenzó detrás de la bola 8(1). Se tenía a sí mismo, a mi madre, a mi abuela, y a nosotros diez para comer, más unos cuantos sirvientes. No fue fácil. Pero cuando él murió en 1959, dejaría a sus diez hijos – porque mi madre le precedió en muchos años, y él nunca se volvió a casar. Ella murió en el 41 y él dijo, "No; he sido tan benditamente feliz con tu madre, no podría nunca estar casado otra vez." Así que permaneció soltero hasta que murió a los 85 años. Pero cuando él murió, ese hombre pobre dejaría una familia de diez, independientemente acomodados cada uno, no sólo colectivamente. Él le dio a cada uno individualmente un paquete de acciones en la compañía, justo para nosotros diez. En 1951 era igual a un ingreso independiente para cada uno de nosotros. Se ha triplicado desde que él nos lo dio cuando murió en 1959, bajo el control de mi hermano Víctor, que practica lo mismo.

Víctor no fuma y no bebe; pero se sienta solo, y en su habitación también está mateniendo sus pequeñas conversaciones internas – premisas de deseos cumplidos. Y él puede controlar completamente esa imaginación suya. Puede controlar completamente la conversación interna y las cosas funcionan justo como él las ha determinado. Nunca va a la iglesia. Es un hombre religioso en el verdadero sentido de la palabra. Da generosamente para la caridad y para toda la gente; nunca sabrías a cuánta gente ayuda en la isla porque él no lo hace público. Eso funciona para él porque ha descubierto que las conversaciones internas lo harán.

Así entonces se nos dice: "Al que ordena sus conversaciones rectamente Yo le mostraré la salvación de Dios" (Salmo 50:23). Luego se nos dice cómo hacerlo: "Dejad vuestra antigua naturaleza que pertenece a vuestras anteriores conversaciones" (Efesios 4:22). Y tú sabes cómo, día tras día, hay cierta gente que repite lo mismo como una grabación, y lo hace una y otra y otra vez; y cuando te los encuentras empiezan justo donde lo dejaron la última vez que hablaste con ellos. Te contarán la misma historia una y otra y otra vez, "qué malvada es ella conmigo", o "qué malvado es él conmigo".

Y después de todo un año cuando vuelves a la ciudad, ellos lo toman justo donde lo dejaron antes. Y se preguntan, ¿por qué me están sucediendo estas cosas a mí? Bueno, aquí en el libro más grande del mundo se nos dice por qué. Pues si mi conversación determina mi naturaleza, – mi naturaleza es ese principio del que yo dependo para la igualdad de formas en la vida transmitida, – ¿cómo puedo yo cambiar de forma cuando la forma es dependiente de mi conversación interna?

De modo que mi conversación interna está efectivamente determinando todo, pero el hombre piensa que fue sólo un ser externo llamado Dios cuya palabra no volvería a él vacía; que tenía que prosperar en la cosa para la que fue enviada (ver Isaías 55:11), porque él se ha divorciado de Dios. El nombre de Dios siempre, por siempre y para siempre es "YO SOY". Él dijo, "Ese es mi nombre para siempre, y por ese nombre Yo seré conocido a través de todas las generaciones" (Éxodo 3:15).

Bien, antes de que te fuera dado el nombre de Juan o María, tú tenías el nombre de Dios. El nombre de Dios es YO SOY. Eso debería preceder el nombre que ahora usas como Juan, pues yo te preguntaría, "¿Cuál es tu nombre?"; antes de que digas "Juan", vas a decir, "Yo soy"; y vas a decir "Yo soy Juan". Así que precediste la pequeña máscara llamada Juan y declaraste que yo soy. Bueno, ése es el nombre de Dios. Así que es del que se habla en las Escrituras cuya palabra no puede retornar vacía, sino que debe cumplir lo que Él propuso. Debe prosperar en la cosa para la cual Él la envió.

Puedes decir, "Qué simple es esto. ¿Quieres decir que podría empezar esta noche? Yo no voy a la iglesia; no soy una persona religiosa. No he hecho nada en el mundo. ¿Pero quieres decir que yo tengo ese talento?"

¿Es este el ser del que Hermes habla cuando dijo, "Dios dio un regalo al hombre y a ninguna otra criatura. Y este regalo es la Mente y el Habla"? Bueno, yo puedo hablar, y tengo una mente. Y luego él me dice que el habla refleja la mente, y la mente refleja a Dios; que como es el hombre, así es Dios. Como es Dios, así es el hombre. Y si Dios refleja mi mente, y mi mente refleja mi habla, para cambiar cualquier producción en mi mundo, tengo que cambiar el habla.

Así es simplemente que la mente lo refleja. Y la mente refleja a Dios. Así que mi Dios vuelve, entonces, a mi habla. Así que estoy simplemente reproduciendo la misma vieja historia en mi mundo cuando podría fácilmente cambiar la grabación.

En 1953 mi mujer tuvo una visión. Fue una audio-visión. Ella saltó de la cama y vino al salón. Yo siempre me levanto temprano. Irrumpió buscando el diccionario, y dijo: "Acabo de tener la experiencia más maravillosa. No vi nada, pero oí la voz más maravillosa; una voz de autoridad. Y la voz me dijo: 'Debes dejar de gastar tus pensamientos, el tiempo y tu dinero. Todo en la vida debe ser una inversión.'"

Así que ella quería ver la diferencia entre gastar e invertir. De acuerdo con la definición del diccionario que ella tenía en ese tiempo: Cuando gastas das sin esperar retorno; es una pérdida gastar. Cuando inviertes esperas un retorno equitativo. Cuando inviertes, siempre esperas un retorno equitativo. Así que debes dejar de gastar y todo lo que hagas de ahora en adelante debe ser invertido, – y estableció qué cosas eran: tus pensamientos, tu tiempo y tu dinero. Esas son tres cosas que el hombre piensa que él tiene en abundancia, y las está gastando mañana, tarde y noche. Pierde su tiempo en trivialidades. Pierde sus pensamientos. Pierde su dinero.

Así si esta visión suya es efectivamente puesta en práctica, – y ella es la primera en admitir que no lo practica; ella fue el instrumento a través del que vino, pero sería la primera en admitir que, educada como fue en el ambiente más conservador, que realmente no la vive, porque vive una vida restringida. Ella pensaría sólo convertirse en una señora para expresarse bien, yo diría abiertamente. Ella lo siente, y sabe ahora que estaba pensando decirlo, pero restringió el impulso. Lo dijo de todos modos, y sabe ahora que su cuerpo es un filtro emocional, y lleva las marcas de sus emociones predominantes.

Así que, a lo largo del día tú y yo estamos haciendo pequeños movimiento tenues de habla; se hacen en nosotros. No los estamos escuchando audiblemente, pero el oído interno los escucha. De modo que no necesito oírlos por fuera, y nadie necesita oírlos; pero veo los resultados en mi mundo. Todo mi amplio mundo no podría llevar otra cosa que mi habla. ¡Eso es lo que el Libro enseña! Debo "dejar la antigua naturaleza"; ella pertenece a mis anteriores conversaciones. Y luego me dice, ahora "adopta la nueva naturaleza."

La "antigua naturaleza" pertenece a mis anteriores conversaciones; la "nueva naturaleza" pertenece a mis nuevas conversaciones. ¿Puedo adoptar la nueva y hacerla tan natural que haga con ésa como hacía con la anterior? ¿Y puedo ahora cambiar tan completamente la grabación, y ponerla con suficiente frecuencia que se convierta en un hábito dentro de mí como yo ando por la tierra, de modo que las cosas sean perfectas? ¿De modo que las cosas sean fáciles? ¿De modo que cuando lea el titular del hundimiento de la bolsa no me perturbe? ¿De modo que cuando lea el titular de que algo "se ha ido al garete" no me perturbe interiormente?

Puesto que esto está basado en un Principio, no importa lo que suceda en el mundo, porque el mundo es simplemente la exteriorización de las conversaciones de los hombres y las mujeres en el mundo. Si yo cambio mi conversación en medio de una depresión, aún así voy a tener éxito en mi mundo. Hay hombres hoy que fueron enormemente exitosos cuando millones perdieron tanto durante la depresión de la bolsa. Ellos no están preocupados por la bolsa; no observan la bolsa en absoluto. Pero deben estar controlando su conversación interna.

Yo sé que, en el caso de mi padre, él fue un ejemplo vivo. Mi hermano Víctor es un ejemplo vivo de esta técnica; pero no creo que mi padre se la enseñara a él. Él realmente la consiguió innatamente, porque él me dijo que cuando vió el cartel en un edificio que tenía el nombre F. N. Roach y Compañía, él lo hizo deletrear "J. N. Goddard & Hijos". Cuando él se lo confesó a mi madre, mi madre dijo, "Vic, no lo hagas. Nosotros no tenemos dinero, y eso sólo va a perjudicarte. Tú no puedes nunca tener ese edificio." Dos años después el edificio estaba a la venta. El negocio que había en él fracasó.

Vino un completo desconocido. Cuando digo "completo desconocido", – él nos conocía sólo como familia, pero nunca había venido a nuestra casa a tomar una taza de té. Nosotros nunca estuvimos en su casa tomando una taza de té, y no fue compañero de bar de mi padre. Él le conocía. El día que se puso a la venta vino y dijo que él lo compraría para nosotros. Todo lo que tomaría como aval fue nuestra firma, pues nosotros habíamos invertido en nuestra honestidad y el banco le aseguró que si nos comprometíamos, lo haríamos. Si teníamos que pasar hambre para pagar su deuda, lo haríamos.

Él dijo, "Eso es todo lo que necesito; así que si ustedes firman este papel yo compraré el edificio. Yo tendré a mi abogado pujando por él. Si yo pujo por él, ellos me pujarán al alza; pero si mi abogado puja por él, él representa a más de un cliente, y ellos no saben a quién representa hoy. Ellos no pensarán ni por un segundo que un plantador," – él era plantador – pujaría por un negocio en Main Street que vende comestibles."

Así que ese día los Goddard lo poseían, y todo lo que tuvimos que dar fue nuestra firma en ese papel que firmamos. Y él dijo de reducir el principal en diez años, y cuando lo reduces, tú simplemente pagas el 6% del principal; si sigues reduciéndolo cada año, en diez años debe de estar completamente pagado. Bueno, lo fué. Y cuando él murió veinte años después, dijo que su mayor amigo fue Victor Goddard, y le dejó una herencia de más de un cuarto de millón, libre de impuestos. Todo estaba completamente pagado cuando se lo dio a mi hermano Víctor. Él dijo: "Tú has sido mi amigo."

Así que yo sé que hoy tenemos al menos a un miembro de la familia que pone esto en práctica. Yo intento con lo mejor de mi capacidad practicarlo, porque están mañana, tarde y noche en mi correo pidiéndome oír esto, oír eso y oír lo otro. Nunca dejo de oírlo. Trato de no quedarme en eso después de oírlo. Debo creer que lo que he oído debe llegar a pasar, como se nos dice en la Primera Epístola de Juan en el capítulo 5: "Si sabemos que él nos escucha en lo que quiera que pidamos, sabemos que hemos obtenido la petición hecha de Él." (1 Juan 5:15) Qué desafío.

"Si sabemos que Él nos escucha en lo que quiera que pidamos", no nos restrinjamos en las cosas que pidamos, entonces "sabemos que lo tenemos". Es el tiempo pasado, "hemos obtenido las peticiones hechas de Él." Léelo en el capítulo 5, versículo 15 de la Primera Epístola de Juan. Bueno, qué fantástica promesa para hacer al hombre.

Yo no tengo, entonces, que mantenerlo en marcha. Es como poner una semilla y tener plena confianza al plantar esa semilla, pues contiene en su interior el poder de auto-expresión. La palabra de Dios es como la semilla de Dios, y es plantada en ese momento en que tú efectivamente mantienes la conversación.

Así que traigo ante mi ojo mental al que me ha pedido algo, si los conozco. Si no los conozco, imagino que he oído de ellos. No siempre lo confirmarán, pero me imagino que me escribieron y me dieron las gracias.

Pero como se nos dice en las Escrituras: Hubo diez que recibieron el regalo. Eran todos leprosos. Sólo uno se volvió y dijo "Gracias". Pero los otros nueve siguieron y obtuvieron su ayuda, pero nunca se volvieron a decir "Gracias" (Ver Lucas 17:12-19). Así que realmente no importa en tanto no me concierna. Yo hago mi trabajo. Ellos pueden no escribir nunca para decirme que funcionó; pero con bastante frecuencia me los encuentro, quizás un año después, o tres o cuatro años después, y dirán: "¿Sabes?, sucedió así y así." Yo les pregunto, "¿Sabes por qué sucedió?" Entonces ellos me darán los medios que fueron empleados, y me dicen que es por eso por lo que sucedió.

La Sra. Archibald Roosevelt, que acaba de morir en un accidente de automóvil en la ciudad de Nueva York, venía a casa una vez al mes. Tuvo siempre un problema con su familia, – nunca su esposo, sino sus yernos. Un día ella me dijo, "Mi hijo ha vuelto de Egipto y tiene una enorme barba, y yo estoy tan avergonzada de andar por la calle con él." Aquí estaba este joven chico bien parecido, – esto era antes de los hippies, cuando la gente comenzó a dejarse el pelo largo y barbas. Él era el único. De modo que dije, "Ahora, Sra. Roosevelt, usted sabe que un beso de su hijo sería como si no tuviera barba, ¿no?" "Oh sí", dijo ella. "Bueno, bésele y él no tiene barba. Ponga sus brazos a su alrededor y bese a su hijo, y vea su agradable piel suave y siéntala. "Bien", dijo ella, "Lo haré".

Bueno, ella nunca me lo dijo; pero por su posición en el mundo, lo leí en el periódico un lunes por la mañana. Aquí estaba este gran despliegue de una boda. Se casó un domingo; un muchacho de piel suave, la señora Roosevelt, Archie Roosevelt, la novia, toda la pandilla de ellos. Cuando ella vino la siguiente vez, le dije: "Usted sabe, su hijo se afeitó la barba." Ella dijo, "Sí. ¿Sabes por qué? Usted sabe, se casó con una chica a la que no le gustaba. Como a ella le disgustaba completamente él se la afeitó." Le dije: "¿Así que por eso sucedió? Dígame, Sra. Roosevelt, ¿hizo lo que le pedí que hiciera?" Y le recordé lo que le había pedido. Ella dijo, "Oh sí, yo hice eso; pero por lo que él lo hizo fue por la chica." ¿Veis?, siempre vuelven a los medios empleados. La chica lo habría amado exactamente igual con la barba, pero ella tenía que llevar la iniciativa. Él se afeitó, y luego la madre le dio pleno crédito a la chica.

He visto tantas cosas suceder y nunca se vuelven sobre sus pasos, sino que las olvidan. Tenemos una memoria muy corta. No recordamos cuando pusimos en marcha los acontecimientos o cuando plantamos la semilla. Así que si nada viene al mundo por accidente, es producido por algún principio; y el principio es contado en esta charla esta noche, y el principio es simplemente nuestra conversación – nuestras simples pequeñas conversaciones interiores cuando estamos solos. La conversación cuando llevas puesta una máscara y te encuentras con alguien en una fiesta y todos están mintiendo, todo el mundo está mintiendo. Tienes unos cuantos martinis y éste miente, y ése miente. Pocos saben que lo que están haciendo es una mentira. Pero yo no me refiero a eso; me refiero a cuando estás solo.

Conociendo este principio, realmente no importa si lo que parece ahora ser una mentira, ya sabes, una suposición, aunque sea falsa, si se persiste se materializará en un hecho. Así que ahora vas a poner ese principio en acción. Tomaremos una suposición. Asumiré que las cosas son como yo quiero que sean. Ahora mantendré una conversación basada en esa asunción, y esa conversación interna controlada será posiblemente mi mayor éxito, mi mejor conversación desde nunca; mucho mayor que las conversaciones que tenemos en una cena.

Tú te sientas y hay una cena. No le vas a decir a tu anfitrión que eso es horrible, ¿verdad? Pero de todos modos, tú te preguntas qué diablos la ha poseído para hacer esto. Pero no lo dices porque eso sería ineducado. Pero, lo dijiste de todos modos; lo dijiste interiormente.

Pero yo estoy hablando ahora de este principio productivo. Cuando estás solo y sabes exactamente lo que quieres para ti o para un amigo o para la comunidad. Entonces, ¿qué conversación implicaría que tú tienes lo tuyo, ella tiene lo suyo y la comunidad tiene lo suyo? Bueno, continuemos con esa conversación. Si esta afirmación en el capítulo 4 de Efesios es correcta, entonces debería demostrarse al comprobarla que si yo dejara mi antigua naturaleza, que se refiere a mis anteriores conversaciones, no sólo la dejo, porque no puedo vivir en un vacío, sino que adopto la nueva naturaleza. Si la antigua está relacionada con mis anteriores conversaciones, bueno, entonces mi nueva naturaleza debe estar relacionada con mi nueva conversación. (Ver Efesios 4:22-24) Bueno, iniciaré una nueva conversación y hablaré con mi hermano Víctor y le hablaré del éxito que estoy teniendo. Esto le va a divertir, porque a él le gusta el éxito. Le encanta el éxito en el mundo del César.

Él piensa que lo que yo hago – bueno, él no diría que es una locura; él no lo entiende. Él dice, "Yo tengo una cosa que hacer en el mundo del César. Somos una familia grande, pero yo no tengo hijos propios. Soy el único que es una mula", dice. "Todos tus compañeros parecen ser toros, pero yo soy una mula – no tengo hijos. Así que yo tengo que hacerlo, en el caso de que tus compañeros lo necesiten." Bueno, nosotros no vamos a necesitarlo, pero él sigue haciéndolo. Así que el disfruta el dinero. Disfruta haciéndolo. Disfruta realmente haciendo cosas a lo grande. Él piensa a lo grande. Y lo hace por conversaciones internas. Y el comenzó, lo he dicho, detrás de la bola 8 cuando estaba en una familia blanca pobre en el pequeño Barbados, o en cualquiera de las islas por el estilo; porque el blanco que tiene ignora al blanco que no tiene nada. Un blanco en Barbados tiene que ponerse zapatos. Un negro en Barbados puede ir sin zapatos, puede ir sin chaqueta, y ellos admitirán eso. Pero no lo admitirán de un pobre, un blanco pobre. Así que yo sé de lo que hablo. Nosotros éramos de lo más pobre que había. Hoy nadie los supera en Barbados respecto a dinero, y todos vienen a él buscando consejo. Aquellos que pensaban que lo tenían, vienen a Víctor. No se aventuran en nada – ni incluso el gobierno –

hasta que vienen a Víctor. Valoran su opinión. Él consigue un trozo de todo. "Si ellos quieren mi consejo, yo sacaré un trozo de su depósito. Dame un paquete de acciones y yo te daré mi consejo." Así que él tiene una acción aquí, otra ahí, acciones en todas partes. Así que ése es Víctor. A él le encanta.

Yo le digo que yo hago mi trabajo solo, y me encanta. Me encanta esto como a él le encanta hacer dinero. Afortunadamente para mí yo no tengo que ir a él a buscar consejo.

Así que aquí yo hablo de dos hombres esta noche: mi padre y mi hermano; y ellos lo hacen por conversaciones internas. Pero la Biblia lo apoya. Si la Biblia no lo apoyara no os lo diría; pero la Biblia apoya lo que ellos están haciendo. Cómo lo descubrieron, no lo sé. Mi padre, el único libro que siempre leyó fue la Biblia. Me pregunto si él lo consiguió cuando la leyó.

Cuando escribí mi primer libro, "Tu fe es tu fortuna", le mandé la primera copia de impresión a mi padre y a mi madre. Cuando escribí la dedicatoria dije, "Si hubiera tal cosa como la reencarnación y tuviera que volver otra vez a este mundo, yo no pediría nada más grande que tener dos padres como vosotros." Así que papá, por esa dedicatoria, empezó a mirar el libro. Tiene 26 capítulos y cada capítulo comenzaba con una cita de la Biblia; así que cerró el libro. Cuando fui a casa unos años después, le pregunté: "¿Papá, leíste mi libro?" Él dijo, "Oh, ¿por qué debería hacerlo? Tú tomaste 26 pequeños versículos de las Escrituras y escribiste un libro de 200 páginas. Yo conozco los 26 versículos." Así es como lo dijo, "¿Por qué debería leerlo? Yo conozco esos versículos." Y ése es el único libro que siempre leyó. Quizás él lo descubrió; no lo sé.

Pero se nos ha dicho que alteremos nuestras antiguas conversaciones, y si lo hacemos, Él nos mostrará la salvación de Dios. Blake, a quien siempre estoy citando, en su libro "Jerusalem" dice, "Oh, ¿Qué he dicho? ¿Qué he hecho?, ¡Oh Todopoderosas Palabras Humanas!" ¿Te das cuenta de que no puedes retirarlas, una vez que las has dicho? ¿Luego cómo vas a retirarlas?

Ahora, esta noche no te debería llevar mucho, si sabes que es verdad, – y yo sé que es verdad, – cambiar el mundo entero si pones una nueva grabación. Y tú puedes fácilmente poner la nueva grabación. ¿Cómo sería exactamente si fuera verdad? Y si fuera verdad, ¿lo sabría alguien? Sí. Mi esposa lo sabría primero, mi hija lo sabría, y luego mi círculo se ampliaría. Luego mi círculo de amigos lo sabría. Bueno, comienza con el que conozcas mejor primero. Mi esposa lo sabría; yo comparto todas las cosas con ella, y luego mi hija lo sabría. Así que llevo una conversación, primero con mi esposa y luego con mi hija Vicky; y luego intento hacer una duradera conversación de modo que se convierta en un hábito. En vez de volver a lo negativo, haz una afirmación positiva, e intenta hacerlo tan natural en tí mismo que sea fácil escoger esa grabación y ponerla. Y ve cómo funciona en tu mundo. No te cuesta nada. No cuesta nada hacerlo. Y esto es lo que las Escrituras enseñan. Y no puede sino retornar a tí si sabes Quién-Eres. Y yo estoy tratando de convencer a todos de que yo lo alcancé; que ellos son Dios. Es un choque para ellos, porque se les ha dicho que ellos son pequeños gusanos. Tú no eres un pequeño gusano. Tú eres Dios vistiendo una vestimenta de carne para fines educativos. Pero tú eres Dios. Tú tienes Su nombre, y Él no dará Su nombre a otro. Pero Él te pone a través de los hornos de aflicción para recibir Su nombre. Tú estás pasando a través de los hornos.

Como Blake dice en la declaración que habla de aquellos que llaman a Dios un ser inexistente, – él les llama locos; así se nos dice en el Salmo: "El loco dice en su corazón, 'No hay Dios'." (Salmo 14:1 y Salmo 53:1) Pero Blake le llama la loca Babel.

"Babel dice . . . no hay Dios o Hijo de Dios.
Que Tú, Oh Imaginación Humana, Oh Cuerpo Divino . . . son toda una ilusión;
Pero yo Te conozco, Oh Señor, cuando Tú asciendes sobre Mis cansados ojos,
aún en esta mazmorra y este molino de hierro . . .
Tú también sufres conmigo, aunque yo no Te contemple."

(W. Blake, de "Jerusalem")

Tú no puedes ver tu imaginación; y él equipara a la imaginación humana con el Cuerpo Divino del Señor y el Señor. Esos tres son uno a los ojos de Blake, en este maravilloso poema, "Jerusalem".

Así que tú no puedes ver la imaginación; ves los frutos de la imaginación. Así que nadie ha visto nunca a Dios, porque tú eres la realidad llamada "Imaginación". Y tú no ves la imaginación, pero ves la evidencia; ves el fruto de ella.

". . . Y la Voz Divina responde:
. . . ¡No temas! He aquí, Yo estoy contigo siempre. (aún hasta los confines del tiempo)
Sólo cree en mí, que Yo tengo poder para resucitar de la muerte
. . .
Tú hermano que duerme en Albión."

(Blake, de "Jerusalem")

¿Así que quién es el hermano? Tú eres el hermano, yo soy el hermano. La humanidad es "Albión". Y entonces, enterrado en la Humanidad está el Señor Jesucristo; y éste está hablando, diciendo: "Yo tengo poder para resucitar de los muertos a tu hermano que duerme en Albión." Pero él no ha negado por un momento a la imaginación humana como el Señor; son equiparados. Son todo uno. Tú tienes al Señor siempre contigo. No puedes tomar a la imaginación y ponerla ahí fuera. Dondequiera que vas, estás siempre imaginando. No puedes dejar al Señor detrás de tí. No puedes sentarte aquí y desear a la imaginación fuera, como puedes hacer con el cuerpo. Yo puedo estar aquí y asumir que estoy al final de la habitación e imaginar que estoy mirando a éste. ¿Pero dónde estoy yo? Yo estoy en la imaginación. Yo puedo mirar al cuerpo como algo que yo he puesto fuera por un tiempo. Vuelvo a él. Pero yo no puedo poner fuera la imaginación. Yo no puedo escaparme del Señor, porque, siendo todo imaginación, yo debo estar donde Él está en la imaginación. Así que, si yo ahora, en la imaginación siento las cosas como yo deseo que sean, eso es el Señor haciéndolo. Y como "todas las cosas son posibles para el Señor", debo creer en mí; debo creer que es el Señor haciéndolo, como se nos dice en las últimas palabras de David.

"Ahora estas son las últimas palabras de David: . . . El Señor está en mí, su palabra está en mi lengua" (Samuel II 23:1,2). Entonces él descubre que por eso fue victorioso. Nunca perdió una batalla. Cuando el gigante se puso la armadura y tenía la espada – y era un gigante; y el pequeño David sale sólo con cinco plumas. No eran piedras. Tomó cinco. Bueno, "cinco" es el número de la Gracia, y la Gracia es el regalo de Dios de Sí mismo al hombre. ¿Qué otra armadura necesita, aparte del regalo de Dios? Así él continúa con eso. ¿Qué gigante podría permanecer ante él cuando todo lo que necesita es la Gracia de Dios? Así, él avanza, y el gigante cae. Así que él se da cuenta entonces de que todo lo que hizo fue porque fue en la gracia de Dios.

Así que donde quiera que estés – así estés en un bar, – es un lugar sagrado. ¿Por qué? Porque tú estás ahí. Si vas a cualquier lugar que el mundo juzgaría duramente, es sagrado porque tú estás ahí. Y puedes sentarte en cualquier lugar del mundo. No tienes que ir a una iglesia. Puedes sentarte en casa en cualquier habitación, sentarte en el jardín; sentarte en cualquier lugar del mundo y sólo mantener una conversación contigo mismo, este diálogo controlado. Esta puede convertirse un día en la más fructífera conversación que hayas tenido nunca.

Así que todos necesitamos algo esta noche. Todos, incluso aquellos que tienen mil millones. Ellos aún quieren más, y yo nos los juzgaría duramente. Lo quieren. Déjenles que lo tengan, si quieren más, porque como dijo Blake: "¡Más, Más! es el grito del loco; todo o nada." (W. Blake, de "No hay Religión Natural", segunda serie)(2) Y he recorrido el capítulo 50 de Salmos esta noche, y ése es el capítulo que leíste cuidadosamente: "Si yo estuviera hambriento, no te lo diría; porque el mundo es mío y todo dentro de él." (Salmo 50:12)

"El ganado sobre mil colinas es mío" (Salmo 50:10). ¿Pero quién está hablando? Asaph está hablando, y "Asaph" significa "reunir". Él ha sido recordado – recoge toda la historia de Israel. Desde el famoso Salmo 78 dice: "Abriré mi boca en una parábola; y pronunciaré dichos oscuros desde antiguo" (Salmo 78:2). Y él recoge la historia entera de Israel, y cómo a pesar de todas las grandes cosas que el Señor hizo, Israel fue extraviada hacia falsos dioses. Entonces llegamos al final, y David aparece. El Señor despertó como del sueño, como un hombre de una bebida fuerte, y Él señala a David. Pero aquí está la historia entera en una parábola; toda la historia de Israel es una parábola. Es una historia contada como si fuera verdad, dejando al que la oye descubrir su naturaleza ficticia y luego extraer su significado.

Así que la historia entera de Israel, como está recogida en las Escrituras, no es una historia secular, sino es una historia divina. Tú tienes que descubrir qué significa detrás de esa historia; y cuando lo descubras, es la cosa más emocionante del mundo. ¡Es todo sobre tí! Como se nos dijo en el Salmo 40: "En el volumen del libro, es todo sobre mí" (Salmo 40:7). " . . . No he refrenado mis labios" (Salmo 40:9); ¡Lo grité desde las azoteas cuando descubrí que todas las cosas eran sobre mí!

El libro entero es todo sobre tí. Es todo sobre tí. Pero está esbozado. Todo es un esbozo. Ahora, cuando llegamos al Nuevo Testamento, toma una realidad cúbica. El Antiguo es un tosco boceto, pero el Nuevo Testamento toma una realidad cúbica, y todo tiene lugar dentro de tí, el individuo. Entonces te darás cuenta de que todo el asunto es sobre tí – cada cosa en la Biblia. No es entendido en el Antiguo Testamento porque eso es un presagio; es contado de un modo no totalmente concluyente o inmediatamente evidente. Cuando llegamos al Nuevo Testamento, y Él dice todo sobre el individuo, eso no es lo que estamos buscando. Están buscando un salvador externo, que vendría y destruiría a un enemigo físico de Israel. Así que no es eso. Él viene de dentro. Y eso es lo que se quiso decir en el comienzo mismo de los días. Él viene a nosotros como un desconocido, pero uno que de la manera más misteriosa deja que el individuo experimente Quién Es Él. Y cuando tú lo experimentas, lo experimentas como tú mismo. Tú eres Aquel del que se habla.

Ahora, si todas las cosas son posibles para Él, – recuerda: tú eres Aquel del que se habla en las Escrituras. Y si lo que yo he citado al principio esta noche puede ser demostrado en las pruebas, no dudes en hacerlo. Tú puedes hablar. Tienes los dos regalos de los que habla Hermes, y se nos dijo que ninguna criatura mortal los tiene sino el hombre; y esos son los regalos de la Mente y el Habla. De modo que si los utilizas rectamente, no te diferenciarás en nada de los dioses. Y cuando dejes el cuerpo y lo abandones esos serán tus guías. Ellos te llevaran a la compañía de los dioses y de las almas de aquellos que han alcanzado la felicidad. Tú tendrás la misma mente; estarás usando la Mente y estarás usando el Habla.

Así que encontrarás a través de todas las Escrituras las palabras: "Y la Palabra del Señor vino a Jeremías." (Jeremías 1:2,9,13; 2:1; 11:1; 14:1; 16:1; 18:1; 21:1; 30:1; 32:1; 33:1; 34:1; 35:1; 40:1; 46:1; 47:1; etc.) "La Palabra del Señor vino a Ezequiel." (Ezequiel 1:3; 3:16; 6:1; 7:1; 11:14; 13:1; 15:1; 16:1; 17:1; 18:1; 21:1; etc.) Todas estas son la palabra del Señor, y tú eres del que hablan.

Así que esta noche, de un modo sencillo, esto es lo que yo haría: sería brutalmente franco conmigo mismo y no lo modificaría. Si no hay ninguna restricción sobre lo que Dios ofrece, y tienes un deseo, – nada es imposible para Dios. Así que sabe exactamente lo que quieres y sé honesto contigo mismo. Ahora, si fuera verdad, ¿qué se sentiría? Y si fuera verdad, ¿podría reprimir el impulso de hablar sobre ello? No, no podría. Yo tendría que decirlo. Como se nos dice en Jeremías:

"Si yo digo, 'No lo mencionaré,
o hablaré más en su nombre',
hay en mi corazón como un fuego ardiendo
metido en mis huesos,
y estoy cansado de soportarlo,
y no puedo." (Jeremías 20:9, R.S.V.)

Bien, házlo. Él tiene que hablar sobre ello cuando descubre un principio que funciona y se comprueba en la práctica. Ahora, no modifiques tu objetivo. ¿Sabes lo que quieres? Bien, eso es. ¿Ahora, cuál sería la sensación, y qué diría, y a quién se lo diría? Bueno, ahora mantén esa conversación desde la premisa del deseo cumplido, y trata de mantenerla hasta que sea natural – se sienta natural. Cuando toma los tonos de la realidad y la sensación de naturalidad, lo has logrado. La cosa está funcionando ya.

Puedes ponerla una y otra vez, como pones una buena grabación. Si te gusta la buena música, nunca te cansas de oírla. Puedes ponerla cada día y varias veces al día y nunca te cansas de la buena música, si la aprecias. Podrías cansarte del beebop ¿pero cómo podrías cansarte de las bellas piezas clásicas? Sé que yo no; así que podría escucharlas cada día, y lo hago cuando estoy en casa. Ponemos nuestra radio en una cierta emisora, y es 24 horas al día de música clásica – KFAC – con muy poca publicidad y un pequeño noticiario de 3 minutos cada hora; y luego durante toda la hora ininterrumpida maravillosa música; música de piano entre 9:00 y 10:00, de Beethoven y de Brahms y de Bach durante una hora entera. Realmente disfruto encantado con ella. Bueno, tú puedes tomar una grabación – tu propia grabación – y hacer eso, y luego deja que vuelva a este mundo dando fruto.

Así que espero que me tomes en serio. No tienes nada que perder y todo que ganar. Por eso es por lo que estás aquí, y por eso yo he sido enviado a decírtelo. Hay una Ley y hay una Promesa.

La Promesa va a venir, de todas formas; pero mientras estás esperando la Promesa, podrías hacer la vida más cómoda con el uso de la Ley, porque la Ley debe ser puesta en acción. Nosotros somos el poder operante. No operará por sí misma. Pero la Promesa va a llegar. No puedes detener la Promesa.

La Promesa es que tú vas a ser Dios. Esa es la Promesa. Vas a despertar un día y a saber que tú eres Dios, y todo el simbolismo que lo confirma estará ante tí, y entonces sabrás Quién-Eres. Su Hijo te llamará "Padre"; y tú sabrás que eres Dios cuando Su único Hijo te llame "Padre". Tú sabrás que él es tu hijo, y él sabrá que tú eres su Padre.

Así que la Promesa está llegando. Pero mientras esperas la Promesa, toma la Ley y utilízala. Yo cité muchísimo esta noche sobre la Ley, que es: las conversaciones internas. Utiliza tus conversaciones internas, porque si lo haces, tendrás la salvación de Dios. Y como tus anteriores conversaciones estaban relacionadas con tu antigua naturaleza, y Él te dice que la dejes, – tú sólo puedes dejar la antigua naturaleza dejando las antiguas conversaciones, porque están relacionadas. Las anteriores conversaciones estaban produciendo la antigua naturaleza; y si la "naturaleza es el principio del que el hombre depende para la perpetuación de la forma en la vida transmitida", la misma forma va a ser transmitida hasta que tú cambies las anteriores conversaciones. Cuando tú pones la nueva grabación – las nuevas conversaciones, tú estás cambiando tu mundo; y la gente se encontrará contigo y se preguntará qué te ha sucedido. "¿Por qué él ahora se mueve de la manera más maravillosa? Las cosas le están yendo perfectamente." ¿Por qué? Él cambió su naturaleza. ¿Cómo lo hizo? Cambió sus conversaciones internas.

Pero tú sabes, hay gente, – mi mente se remonta a la pasada guerra – La II Guerra Mundial; y este joven – un buen tipo, sólo un niño; y me contó bastante inocentemente que él odiaba tanto a Roosevelt que por la mañana mientras él se afeitaba él lo increpaba. Le decía exactamente lo que pensaba de él, – berreando. Yo dije, "¿Por qué lo haces? ¿No sabes que sólo estás dañándote a tí mismo?" Él dijo, "Lo sé. Pero, oh, ¡si yo te contara qué emoción saco de ello!" Sabes, él no lo cambiaría. Lo detestaba tanto al hombre – no conocía a Roosevelt, no conocía a ningún miembro de su familia; pero simplemente le desagradaba. E interiormente, – no sobre el Sr. Roosevelt, funcionaba sobre él. Y él sabía lo que estaba haciendo. Si no lo sabía, eso es una cosa; pero saberlo y no hacerlo, es justo lo contrario. Bueno, eso es lo que hacía.

Él decía, "¿Por qué, Neville, los espectáculos en Brodway hoy son a 10 $ la butaca? No hay espectáculo en Broadway que pudiera darme la emoción de aquellos quince minutos por la mañana cuando me afeito." Él simplemente se deleitaba en decirle algo a alguien que ni siquiera conocía. Y si él pensaba por un momento que no debería hacerlo, decía: "Bueno, déjame acabar esta frase de todos modos." Bueno, la gente hace eso. Ellos saben que están haciendo lo incorrecto, y sin embargo tienen que completar la frase. Es una cosa estúpida.

Así que te pido que lo intentes. Pero trabájalo radicalmente, y ve a la raíz misma y pon la nueva grabación. Tú puedes hacerlo. Te lo advertí antes, no es la cosa más fácil del mundo, porque somos criaturas de hábito. Pero cuando te cojas a tí mismo volviendo a la antigua grabación, pon la nueva grabación otra vez; y la nueva se volverá tan fácil de poner y tan natural de poner como la antigua lo es ahora.

Ahora entremos en el silencio.

GUÍA PRÁCTICA

-

EJERCICIOS PRÁCTICOS

1. Reescribe tu Diálogo Interno: Dedica 10 minutos al día para identificar pensamientos negativos recurrentes. Sustitúyelos por afirmaciones positivas relacionadas con tus metas. Por ejemplo, reemplaza "Nunca podré lograr esto" por "Todo lo que deseo ya está en camino hacia mí."

2. Imagina un Diálogo Exitoso: Antes de una reunión importante, imagina que el resultado es exactamente como deseas. Visualiza a las personas felicitándote y comparte el éxito en tu imaginación.

3. Grabación de Conversaciones Internas: Graba en tu teléfono afirmaciones que reflejen la vida que deseas. Escúchalas diariamente y repite en voz alta mientras visualizas su cumplimiento.

-

REFLEXIONES GUIADAS

1. ¿Qué patrones de conversación interna crees que están moldeando tu realidad actual? ¿Son positivos o limitantes?

2. ¿Qué te impide sostener una conversación interna alineada con tus deseos? ¿Cómo podrías superar esas barreras?

3. ¿Cómo te sentirías si tus conversaciones internas se manifestaran literalmente en tu vida diaria? ¿Qué cambiarías?

CONCEPTOS DE PSICOLOGÍA POSITIVA

1. Lenguaje Interno y Bienestar: La psicología positiva enfatiza que el diálogo interno influye en la autoestima y la percepción de las posibilidades de éxito.

2. Pensamiento Narrativo: Cambiar la narrativa interna puede modificar nuestra percepción de los eventos y aumentar la resiliencia emocional.

3. Mentalidad Proactiva: Practicar conversaciones internas positivas refuerza la acción orientada hacia metas, alineándose con el enfoque de Neville.

-

CITAS DE TEXTOS ESPIRITUALES

1. Biblia (Proverbios 18:21): "La muerte y la vida están en poder de la lengua, y el que la ama comerá de sus frutos." Esto refuerza la importancia de ordenar nuestras palabras y pensamientos.

2. Bhagavad Gita (Cap. 6, Verso 5): "Uno debe elevarse por su mente, no rebajarse. La mente es amiga del alma condicionada, y también su enemiga." Este verso enfatiza el control del diálogo interno.

3. Salmo 50:23: "El que ordene sus caminos, yo le mostraré la salvación de Dios." Refuerza la conexión entre las conversaciones internas y las manifestaciones externas.

-

PERSPECTIVAS DE AUTORES RELACIONADOS

1. Joseph Murphy: En El Poder de tu Subconsciente, Murphy explica cómo las afirmaciones repetidas pueden cambiar la programación mental y manifestar deseos.

2. Eckhart Tolle: En El Poder del Ahora, Tolle aboga por estar presentes y conscientes del diálogo interno para transformarlo y vivir en armonía.

3. Wayne Dyer: En Tus Zonas Erróneas, Dyer menciona cómo el control del diálogo interno puede liberarnos de patrones destructivos y limitar nuestras posibilidades.

EL JUEGO DE LA VIDA

Neville Goddard
(07-03-1969)

El juego de la vida, como todo juego, se juega dentro del marco de ciertas reglas, y cualquier violación de esas reglas conlleva una penalidad. Tú y yo estamos jugando a este juego desde la mañana hasta la noche, y por ello deberíamos aprender sus reglas para jugarlo bien.

Eclesiastés nos da esta regla: "Ni aun en tu pensamiento maldigas al rey, ni en los secretos de tu cámara maldigas al rico, porque un ave llevará tu voz o alguna criatura alada hará saber el asunto". Y Marcos nos da otra, como: "Cualquier cosa que desees, cree que la has recibido y la recibirás". Si tienes que creer que has recibido tu deseo para así obtenerlo, entonces debes iniciar tu juego creyendo que está terminado. Debes sentirte a ti mismo en tu meta y participando de ella. Y debes persistir en esa sensación a fin de lograrlo.

Ahora, otra regla se dice de esta manera: "Echa tu pan sobre las aguas y después de muchos días lo hallarás". En otras palabras, no te preocupes por cómo va a suceder – simplemente hazlo. Esta afirmación no tiene nada que ver con hacer el bien tal como el mundo define la palabra. Jesús era un carpintero. La palabra significa "aquel que produce desde la semilla" – como una flor, un árbol, la tierra.

La profecía del Antiguo Testamento es la semilla que un carpintero llamado Jesús hace nacer. Él no viene a abolir la ley y los profetas, sino a cumplirlos.

La palabra "pan" en la frase: "Echa tu pan sobre las aguas", significa devorar; consumir. El agua es un eufemismo por semen, el agua viva que lleva el esperma del hombre. El acto creativo es psicológico, no físico; aunque las intenciones sean las mismas. ¡Debes echar tu pan sobre las aguas con pasión! Debes estar consumido por el deseo y, literalmente, en llamas de amor por su posesión, ya que un intenso acto imaginario siempre atraerá hacia sí mismo su propia afinidad.

Winston Churchill abandonó este mundo como un hombre muy exitoso; sin embargo, durante su vida tuvo muchos fracasos. Entonces un día hizo este descubrimiento que cambió su vida. Estas son sus palabras: "El estado de ánimo decide la suerte de las personas, en lugar de ser la suerte la que decide el estado de ánimo".

Déjame decirlo de este modo: El juego de la vida es ganado por aquellos que comparan sus pensamientos y sentimientos internos con lo que aparece en el exterior. Y el juego es perdido por aquellos que no reconocen esta ley. Al ser consumidos por la ira, no ven ningún cambio en su mundo. Pero si cambiaran su estado de ánimo, sus circunstancias cambiarían. Entonces reconocerían la ley detrás de su mundo.

Hay quienes están deprimidos durante todo el día y permanecen de esa manera durante toda su vida. Recuerdo que en la ciudad de Nueva York, cuando veía a ciertas personas caminando en mi dirección sentía ganas de cruzar la calle, porque no quería escuchar sus historias deprimentes. Se pasaban horas hablando acerca de su esposa o esposo, sus hijos o nietos, y cada historia se orientaba a la depresión. Al no cambiar nunca sus estados de ánimo, su mundo nunca cambiaba. Al no ver ningún cambio, no reconocían una ley entre el mundo interior que mantenían y el mundo exterior de la respuesta.

Pero si aplicas esta ley puedes predecir tu futuro. Siente un nuevo estado de ánimo elevarse dentro de ti. Manténlo y pronto te encontrarás con personas que encarnan este nuevo estado. Incluso los objetos inanimados están bajo el dominio de estas afinidades. En un determinado estado de ánimo he ido a mi biblioteca y tomado un libro que no había tocado en años. Y cuando lo abro al azar, encuentro la confirmación de mi estado de ánimo. Una mesa, aún permaneciendo igual, se verá diferente según sea tu momentáneo estado de ánimo, ya que todo lo refleja. Es tu estado de ánimo el que decide tu suerte, no es tu suerte la que decide tu estado de ánimo. La gente que se siente pobre atrae la pobreza, ignorando que si se sintieran ricas atraerían riqueza.

En el Libro de los Proverbios se dice: "El espíritu del hombre es la lámpara del Señor". Ahora, la lámpara del Señor es la luz del mundo. Nosotros contenemos esa luz; y la naturaleza – el genio – es nuestro esclavo, moldeando el mundo como lo dictamina nuestro estado de ánimo. Por naturaleza quiero decir toda la humanidad – el mundo animal, vegetal y mineral. De hecho, todo lo que aparece en el exterior es un esclavo de esta lámpara. Moldeado desde dentro, este esclavo moldeará tu mundo para reflejar tus pensamientos; y no hay poder que pueda detener su cumplimiento.

Toma conciencia de lo que estás pensando, y reconocerás una ley entre tu estado de ánimo y las circunstancias que te rodean. Entonces predecirás con certeza, porque sabes que ciertos eventos – estando en armonía con tu estado de ánimo – deben aparecer. Todo – ya sea un ser vivo o un objeto inanimado como un libro – debe aparecer para dar testimonio de tu estado de ánimo.

Ahora, para jugar el juego de la vida, debes saber qué quieres para reemplazar lo que tienes. Cuando sepas lo que es, debes asumir la sensación de que lo tienes. Aunque tu razón y tus sentidos negarán su existencia, la persistencia hará que tu asunción se solidifique en hecho y se objetive en tu pantalla del espacio. Juega el juego de esta manera. Puedes creer que no funciona, pero es porque no lo has probado. Puedes creer que la idea es estúpida, pero yo te digo: el estado de ánimo decide tu suerte. Créeme, porque yo he comprobado este principio una y otra vez en mi vida.

Fue Winston Churchill quien galvanizó el mundo occidental llevando sus palabras a la práctica. Pese a los horrores y los bombardeos en Londres, el Sr. Churchill mantuvo el estado de ánimo de la victoria, e incluso en los días más oscuros no se permitió flaquear. Sabiendo que el estado de ánimo se exteriorizaría alrededor del mundo, lo sostuvo – mientras que sus oponentes, ignorantes de la ley, pusieron su confianza en los ejércitos y la maquinaria de guerra.

La maravillosa afirmación del Sr. Churchill, recogida en el "New York Times", se ha confirmado para mí. Simplemente capturando el estado de ánimo yo he cambiado las circunstancias de mi vida. Ahora enseño a otros cómo hacerlo. Te invito a preguntarte cómo te sentirías si tu deseo fuera una realidad ahora. Juega con el pensamiento. Juega con él un rato y el estado de ánimo vendrá sobre ti. Mantén ese estado de ánimo jugando con los sentidos (y sentimientos y sensaciones) que evoca, y observa tu mundo cambiar para armonizar con tu nuevo estado de ánimo.

Permíteme hablarte de una señora que conozco que, en sus sesenta y tantos años, no tenía nada cuando puso en práctica este principio. Todas las mañanas, mientras se sumergía en la bañera antes de ir a su trabajo de 75 dólares a la semana, se decía a sí misma: "Algo maravilloso me está sucediendo ahora". Se mantuvo jugando con ese estado de ánimo, jugando con la sensación de que algo maravilloso estaba sucediendo. Esa misma semana recibió su primer gran avance.

Por treinta y pico de años esta señora había asistido a óperas, conciertos y espectáculos de Broadway, con un amigo íntimo. Todas las noches cenaban en un restaurante fabuloso, pero él le había dicho muchas veces que nunca le daría dinero. Sin embargo súbitamente cambió de idea y firmó un fondo fiduciario de más de cien mil dólares para que ella lo gastara de inmediato como quisiera.

Poco tiempo después, comenzó a aplicar la ley en mayor medida y él volvió a crear otro fondo de cien mil dólares para ella. Ahora, esta mujer – cuyo alquiler es de 165 dólares mensuales – no puede gastar los ingresos que recibe de un fondo de doscientos mil dólares, además de su seguridad social; pero no está satisfecha y ¡quiere más!

El anciano tiene ahora una pequeña arteriosclerosis cerebral y han dejado de acompañarse. Y, debido a que se niega a verla, ella lo maldice, pese a que se nos advierte: "Ni aun en tus pensamientos maldigas al rey, ni en los secretos de tu cámara maldigas al rico, porque un ave del cielo llevará tu voz, o alguna criatura alada hará saber el asunto". Esta señora me llama cada semana para decirme que está superando la maldición. Espero que sea así, porque otras cosas pueden entrar en su mundo si continúa haciéndolo.

La ley tiene tanto su lado positivo como su lado negativo. Yo no estoy aquí para juzgar cómo utilizas la ley, sino para dejarte practicarla como tú quieras. Si tienes el hábito de pensar negativamente, no vas a sostener el pensamiento de que eres todo lo que quieres ser. Puedes sostenerlo por unos segundos, y si no se verifica instantáneamente puedes negarlo. Pero para jugar el juego de la vida debes conocer las reglas y aplicarlas. Y recuerda: como en todo juego, hay reglas cuya violación acarrean el fracaso. No puedes engañarte a ti mismo, porque Dios no puede ser burlado; como siembras, así cosecharás.

En el mundo puedes salir impune de una violación que el árbitro no vio; pero no puedes escaparte del observador en ti, ya que él y tú sois uno. Si tú sabes lo que hiciste, entonces él lo sabe, ya que tu conciencia y el padre de tu mundo son uno. No puedes engañarte a ti mismo. No puedes burlarte de ti mismo. Dios va a registrar cada una de tus violaciones y va a moldear tu mundo en armonía con tus sentimientos (y sensaciones).

Déjame ahora compartir una carta que recibí de un amigo. En ella, él decía: "El lunes pasado por la noche un amigo me pidió ayuda, así que esa noche pasé media hora imaginando que escuchaba las palabras que él diría si su deseo ya fuera una realidad. A la mañana siguiente, poco antes de despertar, la esposa de mi amigo apareció en mi sueño y me dio las gracias por mi ayuda. El martes por la noche, mientras disfrutaba de un poco de música en la sala de mi casa, mi amigo se me apareció en una ensoñación. Hablando con autoridad, poder y alegría, usó palabras idénticas a las que yo oí cuando lo imaginé confirmando el cumplimiento de su deseo, y me sentí estremecer por su consumación".

Espero que la confirmación llegue en el presente inmediato, y que mi amigo escuche al hombre contarle personalmente el cumplimiento de ese acto imaginario que tanto conmovió a su amigo. Ahora, en otra parte de su carta, mi amigo decía: "En un sueño entré al vestíbulo de un hotel, me registré en el escritorio, y pedí que me llamaran a las 7:00 de la mañana siguiente. Mientras miraba, vi que el hombre marcaba un grueso siete sobre mi nombre en la tarjeta; luego me desperté".

Esta es una maravillosa visión, ya que siete es el valor numérico de la perfección espiritual. También tiene mucho que ver con la gestación y la incubación. En el mundo de los insectos y animales, me dijeron que 280 días es múltiplo de siete. Sabemos que un huevo de gallina, si se incuba apropiadamente, tarda 21 días – otra vez un múltiplo de siete. Aquí encontramos que el nacimiento tiene múltiplos de siete, pero en este caso se trata de incubación de la perfección espiritual.

Otra señora me escribió diciendo: "Me vi acostada en la cama, sumamente pálida como si yo estuviera muerta. De pronto, un hombre gigante surgió de mi cuerpo".

Permíteme contarte la historia de un maravilloso artista que también fue un místico. Su nombre era George Russell, pero lo conoces mejor como A.E. Él dijo: "Contaré esta visión, pero dónde sucedió no lo diré. Era un gran salón con columnas de ópalo de un color que era como si la aurora y la noche se hubieran mezclado en algo vivo.

Entre las columnas había tronos en los que estaban sentados reyes con crestas de fuego. Uno llevaba una cresta de dragón, otro, penachos de fuego. En el centro, un cuerpo oscuro estaba tendido en el suelo como en un trance profundo. En el otro extremo del salón, en un trono más alto que los demás, estaba sentado un ser con la gloria del sol brillando detrás de él.

Mientras yo observaba, dos reyes con cresta se pusieron de pie y estrecharon sus manos sobre el cuerpo tendido en el suelo, chispas de luz emanaban de ellos. De pronto una figura tan alta, tan majestuosa como las de estos reyes con crestas de fuego, surgió de ese cuerpo oscuro. Mirando a su alrededor, reconoció a sus familiares y levantó la mano en señal de saludo. Entonces ellos saltaron de sus tronos, levantaron sus manos haciendo la misma maravillosa señal de saludo y – como hermanos – caminaron hacia el final y se perdieron en el sol".

Cada visión es un presagio de lo que ocurrirá. A.E. le percibió como emergiendo de otro, mientras que esta señora le vio como viniendo de su propio ser. Ambos son presagios de un maravilloso evento que ocurrirá en todos; pues ese rey con cresta, que es el Hijo de Dios, está alojado en todos.

No importa si el cuerpo es de una mujer o un hombre, ni qué pigmentación pueda tener su piel; dentro de cada uno de nosotros está el Hijo de Dios, que – irradiando su gloria y portando la imagen misma de su persona – es la gran lámpara del Señor. Y un día este ser majestuoso emergerá de tu ropaje de muerte, y entrarás en la tierra de la vida.

Pero mientras estemos aquí, aprendamos las reglas del juego de la vida y juguémoslo. La vida en sí misma está causada por el ensamblaje de estados mentales, que al producirse crea lo que el ensamblaje implica. Mi amigo escuchó mentalmente las palabras que él oiría si su deseo para su amigo ya fuera una realidad. Su ensamblaje, produciéndose dentro de él, creó el acontecimiento para ser representado fuera en el juego de la vida.

Después de que has ensamblado tu estado mental y le has permitido que ocurriera dentro de ti, no tienes que repetir el acto. Echaste tu pan sobre las aguas en el momento en que te sentiste aliviado. Aunque no tengas una expresión física de una manera sexual, el alivio es posible; y de todos los placeres del mundo, el alivio es el más profundamente sentido. Cuando alguien a quien amas mucho llega tarde, esperas ansiosamente oír su llave en la puerta. Y cuando oyes su voz, tu alivio es profundamente sentido. Ése es el mismo tipo de alivio que sientes cuando has imaginado correctamente.

Si encuentras necesario recrear el acto todos los días, no estás echando tu pan sobre las aguas. Puedes imaginar una y otra vez, pero sólo vas a impregnarte una vez; y si alcanzas el punto de alivio, tu pan ha sido echado sobre las aguas para retornar, tal vez en cuestión de una hora. Yo he recibido una llamada telefónica – minutos después de haberla imaginado – para escuchar la confirmación de que había ocurrido [lo que yo quería]. A veces ha tomado días, semanas o meses; pero no repito la acción una vez que la he hecho y experimenté la sensación de alivio, porque sé que no hay nada más que yo necesite hacer.

Aprende a jugar conscientemente este juego de la vida, porque lo estás jugando inconscientemente todos los días. Estoy seguro de que los millones de personas que cobran un subsidio sienten que el gobierno les debe una vida; pero no existe gobierno, sólo nosotros que pagamos impuestos. El gobierno no tiene dinero y sólo puede dar lo que toma de nuestros bolsillos. Los subsidiados se quejan, clamando que no están recibiendo suficiente de nuestros bolsillos, y persisten en ese estado de ánimo durante todo el día.

Su estado de ánimo nunca varía, así que no ven cambio alguno y no reconocen la ley entre el estado de ánimo que sostienen y el mundo exterior que no les gusta. Si se les dijera que su estado de ánimo estuvo causando los fenómenos de su vida, lo negarían. Nadie quiere sentir que es el único responsable de las condiciones de su vida, pero no hay otra causa. Dios es la única causa y Él es la propia y maravillosa imaginación del hombre.

Cuando hablo de la imaginación me refiero a Dios en ti, de la que hay dos aspectos: imaginar y contactar. Los contactos son de lo que se trata el imaginar. Cuando imaginas, contactas una sensación, y la sensación que imaginas, la creas. Tú eres el mismo Dios que creó el mundo y todo lo que hay dentro de él, pero mientras estés vestido con este ropaje de carne y hueso tu poder tiene baja intensidad.

Espero que entiendas las reglas del juego de la vida; y – porque hay tanto una regla positiva como una negativa – te exhorto a no maldecir a nadie. Eclesiastés usó las palabras "rey" y "rico" porque ellos son a menudo los más envidiados. Una persona no necesita ser millonaria, no obstante, para ser envidiada. Podría simplemente ser un poquito mejor que otro. Alguien podría vivir en un barrio mejor, pagar una renta mayor, tal vez incluso ir a un restaurante mejor, o comprar ropa mejor, para ser envidiado. Por ello se nos advierte no maldecir al rey o al rico en nuestros pensamientos, pues no se pueden ocultar, ya que todos los pensamientos son completamente una unidad; y por una ley divina se mezclan recíprocamente entre uno y otro ser.

La conciencia parece estar dispersa, ya que todo el mundo está consciente en el exterior. Pero nadie necesita pedirle ayuda a otro para cambiar su mundo si él lo cambia en el interior. Si otra persona es necesaria para producir el cambio, ella lo hará – con o sin su consentimiento. No tienes que seleccionar a la persona que va a desempeñar el papel de producir el cambio que has imaginado. Él desempeñará su parte si es necesario, porque todos nos intermezclamos. Todo lo que tienes que hacer es permanecer en el final, desde dentro.

Recuerdo una visita que hice a mi familia en Barbados, cuando me dijeron que no podría partir de la isla hasta pasados siete meses; pero yo quería salir en el siguiente barco. Para mí, estar en ese barco era mi final; así que – mientras estaba sentado en una silla en la casa de mis padres – abordé el barco en mi imaginación y vi la isla como si estuviera partiendo. No sabía cómo conseguiría abordarlo, pero una semana más tarde cuando el barco partió de la isla yo me encontraba en él. Esto lo sé por experiencia.

En tu deseo de ir a cualquier lugar primero debes ir allí en tu imaginación, e incluso aquellos que [ahora] puedan estar denegando tu pedido te ayudarán cuando llegue el momento. Yo me salí del ejército de esa manera. Sabiendo que quería estar licenciado con todos los honores y estar en mi apartamento de Nueva York, me quedaba dormido como si ya hubiera sucedido y yo ya estuviera allí. Entonces mi capitán – que previamente había rechazado mi despido – cambió de idea y me ayudó a salirme del ejército. Cualquiera puede hacerlo. Este juego es fácil de jugar y puede resultar muy divertido. Piensa en un objeto que te gustaría poseer. Piensa en un lugar en el que desearías estar. Luego encuentra un objeto en ese lugar y siéntelo hasta que se vuelva sensorialmente vívido [en tu imaginación].

No la hagas una lámpara, sino "esa" lámpara; no una mesa, sino "esa" mesa. Siéntate en ese sillón hasta que sientas el sillón a tu alrededor. Contempla el lugar desde ese sillón y tú estás allí, porque eres todo imaginación y debes estar donde sea que estés en tu imaginación. Ahora, echa tu pan sobre las aguas sintiendo el alivio de estar allí, y deja que tu genio – que es tu esclavo – construya un puente de incidentes sobre el que cruzarás para sentarte en ese sillón, sostener esa lámpara y tocar esa mesa.

En el Génesis, se cuenta la historia de Isaac – que no podía ver, pero era capaz de sentir – llamando a su hijo, Jacob, diciendo: "Acércate hijo mío, que yo pueda sentirte. Tu voz suena como la de mi hijo Jacob, pero al tacto eres como Esaú". En ese momento, Jacob – el estado imaginario, puramente subjetivo – poseía las cualidades de Esaú, el mundo objetivo. Así que Isaac le dio al estado imaginario el derecho de nacer.

Como Isaac, tú puedes sentarte tranquilamente y con tus manos imaginarias puedes sentir la diferencia entre una pelota de tenis, una de béisbol, una de fútbol y una de golf. Si no son nada (porque son subjetivas y no objetivamente reales para ti en ese momento) entonces no podrías discriminar entre ellas. Pero si puedes sentir la diferencia entre estas mal llamadas irrealidades, entonces deben ser reales, aunque todavía no se hayan hecho objetivas para tus sentidos. En el momento que les des realidad en el ojo de tu mente, se volverán reales en tu mundo.

Inténtalo sólo por diversión. Toma un objeto y dale las gracias al ser que hay dentro de ti por el regalo. Luego dale las gracias al ser del exterior, ya que dentro y fuera son vicarios, como lo es la vida; porque observando un olor, una mirada, o un sentimiento dentro, descubrirás que tú eres la vida misma.

Sí, la vida es un juego. Pablo la llama una carrera, diciendo: "He finalizado la carrera, he peleado la buena batalla y he guardado la fe". Yo la llamo un juego. Ambos son competitivos; pero la oposición es con uno mismo y no con otro, pues no hay otros. No trates de vengarte de otro. Concédele el derecho de utilizar la misma ley para lograr su objetivo, aún cuando pueda ser similar al tuyo. El conocimiento que compartes nunca te robará. Simplemente determina tu objetivo. Siente que lo has logrado y echa tu pan sobre las aguas. Luego suéltalo y deja que el juego de la vida se cumpla en tu mundo.

Ahora entremos en el silencio.

GUÍA PRÁCTICA

-

EJERCICIOS PRÁCTICOS

1. Visualización del Alivio: Imagina que ya has alcanzado lo que deseas. Concéntrate en el sentimiento de alivio y gratitud, como si lo hubieras recibido. Por ejemplo, si esperas una noticia, visualízate recibiéndola con alegría y alivio.

2. Creación de un Diario de Estados de Ánimo: Lleva un registro diario de cómo te sientes y qué resultados observas en tu entorno. Esto te ayudará a identificar patrones entre tus estados internos y las manifestaciones externas.

3. Práctica del Objeto Específico: Cierra los ojos e imagina un objeto relacionado con tu deseo. Por ejemplo, si quieres mudarte a un lugar nuevo, imagina tocar la puerta de tu nueva casa. Siente la textura y hazlo tan real como sea posible.

-

REFLEXIONES GUIADAS

1. ¿Cómo afectan tus estados de ánimo actuales a las circunstancias de tu vida? ¿Qué estados repetirías o cambiarías?

2. ¿Qué resultados podrías lograr si persistieras en asumir un estado deseado, incluso cuando la realidad física contradice tus deseos?

3. ¿Qué emociones y pensamientos negativos deberías soltar para alinearte con las reglas positivas del juego de la vida?

\-

CONCEPTOS DE PSICOLOGÍA POSITIVA

1. Ley de Atracción y Optimismo: Las investigaciones sobre optimismo muestran que las personas que anticipan resultados positivos suelen experimentar mejores resultados. Esto se alinea con la idea de Neville de asumir el estado deseado.

2. Resiliencia Emocional: Practicar estados de ánimo positivos fortalece la resiliencia ante desafíos, transformando las adversidades en oportunidades para crear un mejor estado interno y externo.

3. Autonomía Emocional: Cultiva la creencia de que eres responsable de tus estados de ánimo y su impacto en tu realidad, fomentando el empoderamiento personal.

\-

CITAS DE TEXTOS ESPIRITUALES

1. Biblia (Marcos 11:24): "Por eso os digo que todo lo que pidáis en oración, creed que lo recibiréis, y os será concedido." Este verso refuerza la necesidad de creer como si el deseo ya estuviera cumplido.

2. Bhagavad Gita (Cap. 6, Verso 5): "El hombre debe elevarse a sí mismo por sí mismo; no debe degradarse. Pues uno mismo es su amigo más grande, y también su enemigo más grande."

3. Proverbios 23:7: "Porque cual es su pensamiento en su corazón, tal es él." Esto se relaciona con cómo el estado interno del ser crea su experiencia externa.

-

PERSPECTIVAS DE AUTORES RELACIONADOS

1. Florence Scovel Shinn: En El Juego de la Vida y Cómo Jugarlo, Florence detalla cómo el pensamiento positivo y la fe conducen a manifestaciones deseadas, muy en línea con las enseñanzas de Neville.

2. Rhonda Byrne: En El Secreto, Byrne populariza el uso de la imaginación y los estados emocionales para atraer lo que deseamos, conceptos que resuenan con los principios del juego de la vida.

3. Joseph Campbell: En El Héroe de las Mil Caras, Campbell enfatiza cómo las narrativas internas guían nuestras vidas, un enfoque que complementa la idea de Neville sobre los estados mentales que crean nuestra realidad.

EL GRAN SECRETO

Neville Goddard
(29-09-1969)

Judas es llamado traidor, pero ¿qué fue lo que traicionó? Judas traicionó el gran secreto del mesías y dónde podría ser encontrado Jesús . Su papel es el más importante en el gran misterio de Dios.

"He hallado a David, hijo de Isaí, un hombre conforme a mi corazón, quien hará todo lo que yo quiero. De la descendencia de éste, y conforme a la promesa, Dios a traído un Salvador a Israel, Jesús" [Hechos 13:22]

Luego en el capítulo 43 de Isaías, el Señor revela al Salvador diciendo: "Yo, yo soy el Señor, y fuera de mí no hay salvador." Si Dios trajo un salvador a la humanidad, tuvo que traerse a sí mismo – como Jesús, que simplemente significa "Yo Soy".

Esto reveló en las grandes declaraciones del "Yo soy": Yo soy la vid; Yo soy la puerta; Yo soy el pastor; Yo soy el pan. En esas declaraciones Jesús está declarando que a menos que creas que tu "Yo Soy" es el Señor, tú mueres en tus pecados, porque tu "Yo soy" es Jesús – tu Salvador – el hombre que gobernará como Dios, como él prometió.

Cuando escuchas la palabra "Jesús" puedes pensar en alguien fuera de ti mismo; pero yo te digo: tu Yo Soy es Jesús – profundamente dormido. Él está enterrado en ti y un día despertará en ti. Dormido, tú eres un hijo de Dios; pero cuando despiertas, tú eres Dios el Padre. Enviando a sus hijos al mundo para vencer la muerte, los hijos regresan como el Padre de toda la vida. "Amados, ahora somos hijos de Dios, y aún no se ha manifestado lo que hemos de ser; pero sabemos que cuando él se manifieste, seremos semejantes a él y le veremos tal como él es". [1 Juan 3:2]

Como hijo de Dios, no aparece lo que serás; pero cuando Dios aparece, lo conocerás, porque serás igual a él. ¡Ese es el gran secreto mesiánico! Y cuando ese secreto se descubre en ti, verás la importancia de separar las palabras "Jesús" y "Cristo" – como se dice en el Libro de Apocalipsis: "Ven Señor Jesús y su Cristo", porque Cristo es el Mesías – Gran hijo David, que te revela como su Padre, Jesús.

El hombre ha olvidado por completo el misterio y habla de Jesús como un pequeño hombre que nació de una mujer hace dos mil años, cuando Jesús es Dios mismo. Tu conciencia de ser es Jesús, que es Dios el Padre. El gran secreto de la fe cristiana es la revelación de la paternidad de Dios y la hermandad del hombre. La paternidad de Dios es Jesús en ti. ¿No te das cuenta de que Jesús y su Cristo están en ti? ¿No vino David (el Cristo) en el espíritu y llamó a Jesús "Señor"? Si David no estuviera en ti, nunca sabrías que eres Dios el Padre.

Un día David salió de mí. Se paró frente a mí y yo sabía exactamente quién era y nuestra relación el uno con el otro, incluso antes de que me llamara padre. Ahora sé que todos tendrán un día la misma experiencia, porque sólo hay un Dios, un sólo Padre. Todos somos miembros de ese único cuerpo que compartimos en este maravilloso final prometido, ya que todo se resuelve en aquel que es Dios el Padre.

Así que Judas revela el secreto mesiánico diciéndote que encontrarás al Señor Jesús en el cielo, y que el cielo está dentro de ti. Si alguien dijera; "Ven, mira: aquí está o ahí está", no le creas; porque el reino de los cielos está dentro tuyo. Cuando encuentras a Jesús, tu viaje ha terminado. Entonces tu corazón saldrá a todos, porque sabrás que son tus hermanos. No van a ser hijos de Dios; ustedes ya son dioses, hijos del Altísimo, convirtiéndose en Dios mismo.

Dios es capaz de entregarse a ti como si no hubiera otro – sólo Dios y tú. Cree esto y la historia más increíble jamás contada – que es el patrón de salvación – se desplegará en ti para revelarte como Dios el Padre. Esa es la historia de la Biblia.

El Antiguo Testamento es un presagio, mientras que el Nuevo es su cumplimiento, escrito como un borrador. Pablo escribió sus trece cartas por lo menos veinte años – cronológicamente hablando – antes del primer evangelio, que es Marcos; sin embargo, ningún libro lo explica por completo. He intentado lo mejor posible aclarar cómo se desplegó dentro de mí y cómo llegué a la plena realización de mí mismo como Dios el Padre.

Te digo que no hay otro Dios, ningún otro ser. Dios realmente envió a sus hijos a este mundo. Él te escogió en sí mismo antes de la fundación del mundo. Tú estás aquí para realizar un determinado trabajo; y cuando lo hagas, dirás: "Padre, he terminado la obra que me has encomendado hacer. Ahora regresa a mí la gloria que era mía, la gloria que tuve contigo antes que el mundo fuera". Como hijo, irradias la gloria de Dios; pero cuando regresas, eres esa gloria, tú eres ese Dios. Dios el Padre transforma a sus hijos en sí mismo dándonos su propio hijo, que revela nuestra verdadera identidad. Este es el misterio de la vida a través de la muerte.

Hay un patrón en esos treinta y nueve libros del Antiguo Testamento que se cumple en el Nuevo. Pablo insta a todos a "seguir el modelo de la verdadera palabra que oíste de mí". Aquí, él te está diciendo que sus palabras son verdaderas, pero él no las pronuncia. Él hace la declaración: "Cuando Dios tuvo a bien revelarme a su hijo, no apresuré a consultar con carne y sangre", pero no dice la experiencia.

Pablo fue el primero en usar la palabra "Cristo" que es la palabra "Mesías" y significa "Dios ha tocado, ha hecho contacto". Descendiendo sobre un hijo en forma corporal como una paloma, Dios ha contactado a ese hijo a través del sentido del tacto. Ese contacto es el don del Espíritu Santo y en ese acto Dios sella su don. En el Antiguo Testamento, Dios decretó a David como su hijo.

Y en el Nuevo Testamento, David viene en el Espíritu y te revela como su padre. Este es el gran secreto que Judas traicionó. Habiendo tenido las experiencias, Judas traicionó el secreto mesiánico y dice dónde podría encontrarse a Jesús, y quién es él.

Jesús está en ti como tu aliento de vida. Un día él despertará y al levantarse en ti, tú te levantarás. En ese momento eres salvado de este mundo de muerte y transformado en el Dios de toda vida. Esa es la historia del cristianismo.

No esperes que Cristo venga de afuera. Cientos de millones están esperando que venga a cambiar el mundo, pero no va a cambiar. Es un mundo de oscuridad educativa, una escuela; y tú no cambias una escuela en una casa; y el cielo es tu hogar. Un día te graduarás de esta escuela y recibirás el don de Dios mismo. A medida que este regalo es dado, tú despiertas para descubrir que estás en la tumba donde primero te acostaste a dormir. Entonces el patrón de las verdaderas palabras que has oído de mí se desarrollará en ti.

Pablo intentó unir sus experiencias en el Antiguo Testamento, al citar los treinta y nueve libros uno tras otro; pero él no expuso sobre ellos. Pero, como dijo Blake: "Lo que puede hacerse explícito para el idiota no vale mi atención". Tal vez Pablo sintió de la misma manera. ¿Por qué explicarlo, cuando el deseo de entender obligará a buscar en las Escrituras y preguntarse por qué, qué, dónde y cuándo? Si tú haces estas preguntas, encontrarás sus respuestas dentro tuyo.

Te digo: Dios literalmente se convirtió en ti para que tú te conviertas en Dios. Y al convertirte en Dios Padre, no pierdes tu individualidad. Tú no eres sólo un miembro de este cuerpo maravilloso – compartiendo el fin del propósito de todas las cosas – sino tú eres el cuerpo, porque tú eres su espíritu animador.

Tú eres un miembro, aun el todo, porque en Dios no hay división. Y nadie se perderá. Aunque los evangelistas nos dicen que, como estamos pecando nos perderemos, pero no es la voluntad de Dios que ninguno se pierda, porque Dios se perdería. No puedes decir "Yo Soy" a menos que Dios esté en ti. Tú puedes ser un necio, pero aun así, sabes que eres tú. Es posible que no sepas quién eres, dónde estás o qué eres; pero no puedes dejar de saber que eres. Esa conciencia es Dios y no hay otro.

Judas revela la buena noticia de que Dios lo ha hecho. Qué coraje debe tomar uno de este mensaje. Los evangelistas están dando buenos consejos esta noche, diciendo a todos cómo vivir, qué decir y cómo actuar. Pero los evangelios nos dan las buenas nuevas de la salvación, diciéndonos que Dios realmente se convirtió en sus hijos para transformarlos en sí mismo, para que ellos se levanten como Dios Padre.

No todos los hijos salieron. En la historia del hijo pródigo, se nos dice que el que quedó se quejaba. Pensó que no tenía nada, pero lo tenía todo. Tú puedes ser dueño del mundo, pero si no lo sabes, puedes morir de hambre por falta de comida. Un banco puede tener un billón de dólares tuyos, pero si no lo sabes no vas a escribir un cheque. Pero cuando te das cuenta de quién eres en realidad, sabrás que todo es tuyo. Entonces dirás: "Yo y mi Padre somos uno, y todo lo mío es suyo y lo suyo es mío". Después de la gran resurrección, actuarás el papel de Judas y dirás a todos los que entran en tu mundo quién es el Mesías y dónde podría ser encontrado Jesús.

No puedo decirte mi emoción cuando recibo cartas de ustedes que contienen las experiencias bíblicas que han tenido. Recibí una carta de una joven que todavía está en la escuela. Se especializa en música, quiere ser compositora. En su carta dijo: "Tengo un querido amigo que estaba de cumpleaños y quería darle algo especial, no tenía que ser material, podría ser algo que yo dijera o hiciera de lo cual él pudiera estar orgulloso. Me dormí pensando en esto, cuando me desperté a las dos de la madrugada, con una vivida memoria de este sueño: estaba sentada en mi cama, con mi madre y mi padre cerca. Mi padre me entregó tres discos diciendo – Deja dos y regala el tercero. A él le encantará y no se cansará de escucharlo. Entonces sostuve una hoja de música que contenía las notas de las que se hizo el disco, vi que el título de la composición era "Cristo", y el nombre del compositor era "Olam".

Ella vio correctamente. La palabra "Olam" significa "algo escondido, mantenido fuera de la vista; un muchacho, un joven, un mozuelo", y se traduce "eternidad" en la declaración, "Dios ha puesto la eternidad en la mente del hombre, sin embargo, no puede descubrir lo que Dios ha hecho sino al final. "

Cuando tu viaje llegue a su fin, encontrarás a ese joven eterno que es el hijo de Dios, David. Él es Olam, la eterna juventud, el compositor de la música – que es todo sobre sí mismo; porque él es el Cristo de las Escrituras. Jesús – el Señor y Cristo – su hijo, están en ti. Separa los dos. Cristo no es un título dado a Jesús, sino su poder y sabiduría, que salió al mundo para hacer su voluntad. Jesús es el Salvador, del cual sólo hay uno. "Yo soy el Señor tu Dios, el Santo de Israel, tu Salvador, y fuera de mí no hay salvador". Aquí está una jovencita, todavía en la escuela, que ha encontrado a Cristo, al compositor y la composición.

No puedes agotar el tema de Cristo, pero el hombre siempre lo malinterpreta. Las multitudes creen que algunos hombres pequeños fueron crucificados en una cruz por los judíos, pero Juan nos dice: "No saben a quién adoran, pero nosotros sabemos a quién adoramos; porque la salvación viene de los judíos". Si piensas en un judío físico estás en un error. Un judío es un israelita que no es un descendiente de Abraham según la carne, sino el elegido de Dios de cualquier raza o nación. El Antiguo Testamento es el Libro de los Judíos, del cual tú – como el hijo de Dios – viene a este mundo para cumplirlo. Toda experiencia mística, si es anunciada por una palabra en el Antiguo Testamento, está predestinada, escrita por los siervos de Dios – los profetas.

El orden cronológico del Antiguo y del Nuevo Testamento no es preciso. Mateo es el primer libro en nuestro Nuevo Testamento, pero Marcos vino antes que Mateo; y las cartas de Pablo fueron antes de los cuatro evangelios. Nuestros antepasados de la iglesia arreglaron los libros tal como aparecen ahora, pero no dan el verdadero orden del cuadro que se desarrolla, como tampoco lo hacen los libros del Antiguo Testamento. Pablo encontró el patrón que se desplegaba en él y compartió sus experiencias. En su segunda carta a Timoteo, le instó a no desviarse de "mi evangelio", pero él no lo explicó. Te he dicho el orden cronológico tal como me sucedió.

La crucifixión comienza el viaje en el tiempo. Saliendo del Padre, tú vienes al mundo al ser crucificado en la humanidad. Como dijo Pablo: "Sólo conozco a Cristo y a éste crucificado". Pero el drama de la redención comienza con tu resurrección de la humanidad y tu nacimiento espiritual. Entonces descubrirás la paternidad de Dios a través de tu hijo David (que es Cristo) llamándote padre. Este es el regalo, Dios se dio a sí mismo a través de sus hijos – el regalo de la paternidad.

Un día conocerás esta verdad por la traición del gran secreto del Mesías. Judas no sólo revela el gran secreto, sino que te dice dónde encontrar a Jesús. Está en el jardín como el árbol de la vida. Blake lo sabía. Por eso dijo: "Los dioses de la tierra y del mar buscaron en la naturaleza para encontrar ese árbol, pero su búsqueda fue en vano, crece en el cerebro humano". Un día ese árbol – cuyas raíces están en tu cerebro – se revertirá, y la historia de Jesús y su Cristo se desplegará en ti.

Tú y yo éramos hijos de Dios antes de entrar en estas vestiduras de muerte. Cuando regresemos, habremos añadido a Dios el Padre, pero permanecemos individualizados. No puedo decirte el gozo, el éxtasis que te espera en tu regreso, porque saliste del Padre y viniste al mundo. Ahora dejarás el mundo y volverás al Padre, como el Padre.

Por lo tanto, el regalo de Dios para ti es Cristo, que es su hijo, David. Y el don de Cristo es el espíritu de verdad que se despliega para revelar su verdadera identidad. Como hijo, has venido al mundo para hacer la voluntad del que te envió. Y al final descubrirás que te enviaste a ti mismo, porque habrás encontrado a David, hijo de Isaí (Yo Soy), uno tras tu propio corazón que hace toda tu voluntad. Dormido, el Mesías hace la voluntad del Padre; pero cuando despierta, el Mesías y el Padre son uno.

Salimos del mundo de vida para entrar en el mundo de muerte en un gran experimento, sin saber si lo lograríamos. Él nos escogió – en él – para el experimento, entonces nos hizo victoriosos sobre la muerte dándonos a sí mismo, para que podamos saber que somos Dios el Padre. Estoy hablando por experiencia. No estoy teorizando ni especulando. Jesús está en ti como tu propia maravillosa imaginación humana. Cuando tú dices, "Yo soy", que es Jesús. Un día tu conciencia despertará y se levantará. Entonces todo lo que se dice del Señor en el Antiguo Testamento se cumplirá en ti. Y desde ese momento tu aventura terminará, y caminarás consciente de ser Dios el Padre.

Qué glorioso concepto. Dios realmente se entregó a todos para un gran experimento que no puede fallar en nadie, ni siquiera en un Hitler o un Stalin. Ningún monstruo puede fallar, porque la resurrección es ahora un hecho. Se ha demostrado así. Todo el mundo volverá – no como el hijo de Dios (que es lo suficientemente glorioso) sino Dios mismo. Ese es mi mensaje para ti. Y es verdad.

Quiero agradecer a esta dulce joven por compartir su experiencia conmigo, para que yo pueda compartirla contigo. Deseosa de expresarse de manera amorosa hacia alguien que respeta, ve a sus padres – el símbolo de su poder creativo – entrar en su habitación. Su padre le dice que de tres discos – ¿no eran tres que estuvieron ante Abraham cuando se anunció el nacimiento del niño? Ellos fueron llamados hombres, no discos, pero es el mismo simbolismo. Le dijeron que guardara dos y le diera el otro, él lo amaría y no se cansaría de escucharlo. La música fue compuesta por Olam, la eterna juventud y su título era Cristo. Aquí está el compositor escribiendo sobre sí mismo, tal como el hombre hace aquí.

Cada libro que lees son los pensamientos, creencias y sentimientos de un hombre, en la forma escrita. Él tenía que adquirir la capacidad de escribir, y cualquiera puede hacerlo. Anda a la escuela, aplica y domina la técnica de la escritura. Entonces, a medida que comiences a escribir, descubrirás que sólo puedes escribir los pensamientos que impregnan tu propia mente. Tú puedes pensar que estás separado de tus pensamientos; pero tú y tus pensamientos son uno, así que estás escribiendo todo sobre ti mismo. Así, Olam – la eterna juventud – compuso la composición "Cristo", que es todo acerca de sí mismo; y tú, Oh Cristo, nunca te cansarás de escuchar tu increíble historia.

Ahora entremos en el silencio

GUÍA PRÁCTICA

-

EJERCICIOS PRÁCTICOS

1. Meditación del "Yo Soy": Siéntate en un lugar tranquilo y repite internamente "Yo Soy". Concéntrate en la sensación de ser sin agregar ningún calificativo (como "rico" o "feliz"). Experimenta tu conciencia como pura existencia.

2. Reconoce el Cristo en Otros: Durante el día, observa a las personas y afirma mentalmente: "Yo reconozco a Cristo en ti". Esto refuerza la unidad y la percepción de que todos compartimos la divinidad.

3. Escritura del Árbol de la Vida: Dibuja o escribe un símbolo que represente el "árbol" mencionado por Neville. En cada rama, coloca cualidades que te gustaría manifestar, como sabiduría, amor, abundancia, y trabaja en vivir esas cualidades diariamente.

-

REFLEXIONES GUIADAS

1. ¿Cómo afecta tu percepción de "Jesús" reconocerlo como tu propia conciencia? ¿Qué cambia en tu forma de abordar la vida con esta perspectiva?

2. ¿Qué emociones surgen cuando piensas en ti mismo como uno con Dios? ¿Te sientes inspirado, dudoso o algo más? Reflexiona sobre por qué sientes eso.

3. ¿Qué implica para ti el concepto de "la traición de Judas" como una revelación del secreto del Cristo en tu interior?

-

CONCEPTOS DE PSICOLOGÍA POSITIVA

1. Autocompasión y Unidad: La psicología positiva sugiere que el reconocimiento de nuestra humanidad compartida puede generar mayor autocompasión. Ver a Jesús como el "Yo Soy" nos conecta con los demás en un nivel más profundo.

2. Eudaimonía (Florecimiento): Relaciona la idea del despertar interno con el concepto de vivir de acuerdo con tu esencia más auténtica, logrando así un estado de plenitud.

3. Narrativas Constructivas: Reescribe tus historias internas desde el reconocimiento de tu divinidad y de los demás, lo que fomenta un pensamiento positivo y relaciones más armoniosas.

-

CITAS DE TEXTOS ESPIRITUALES

1. Biblia (Lucas 17:21): "El reino de Dios está dentro de vosotros." Esto refuerza el mensaje de Neville sobre la divinidad interna.

2. Upanishads (Chandogya Upanishad, 6.8.7): "Tú eres Eso." Este principio conecta directamente con la idea de que el "Yo Soy" es la fuente de toda realidad.

3. Evangelio de Tomás (Dicho 3): "El reino está dentro de ti y fuera de ti. Cuando te conozcas a ti mismo, serás conocido, y comprenderás que eres un hijo del Padre viviente."

PERSPECTIVAS DE AUTORES RELACIONADOS

1. Eckhart Tolle: En El Poder del Ahora, Tolle describe cómo la identificación con el momento presente y con la conciencia pura es el camino hacia la realización del Ser.

2. Carl Jung: Su concepto del "Self" como el centro de la psique humana resuena con la idea de Neville sobre la unidad con el Padre.

3. Thomas Merton: Merton escribe sobre la unidad con Dios como un estado de despertar a la verdadera identidad divina en libros como New Seeds of Contemplation.

ESTADOS INFINITOS

Neville Goddard
(22-03-1968)

Muchas veces alguien me dice: "No creo que los demás te entiendan." Me hicieron esta pregunta: Cuando usas la palabra 'estado', no creo que los demás sepan lo que quieres decir, así que ¿puedes por favor explicarlo?' "Esta noche lo intentaré.

Se nos ha dicho "Ustedes son hijos del Altísimo" (no sólo unos pocos, sino todos nosotros). "Sin embargo, ustedes morirán como hombres y caerán ..." ... en infinitos estados de consciencia, porque los estados son aquello en lo que caen los hijos del Altísimo.

Un estado es una actitud de la mente, un estado de experiencia con un cuerpo de creencias con el que vives. Expresando siempre un estado, te identificas con el diciendo: Yo Soy pobre o Yo Soy rico. Yo Soy conocido o Yo Soy desconocido. Yo Soy querido o Yo Soy despreciado". Podría continuar indefinidamente, porque hay infinitos estados en los que puede caer un hijo individual del Altísimo.

Blake hizo esta declaración: "La eternidad existe y todas las cosas en la eternidad, independiente de la creación, que fue un acto de misericordia. Por esto se puede ver que no considero que el justo o el malo estén en un Estado Supremo, sino que cada uno de ellos son Estados del Sueño en los que el Alma puede caer en sus sueños mortales del Bien y del Mal ".

Cuando te encuentras en un estado o veas a un aparente otro en un estado, no lo condenes ni lo alabes, porque todos los estados existen y ningún estado es mejor que otro. Cada estado es una actitud, un estado de experiencia con un cuerpo de creencias que un hijo individual del Altísimo ocupa. Y si es hijo del Altísimo, ¿no somos hermanos de la Unidad Suprema? ¿Y no somos también miembros del cuerpo último que es Dios el Padre? Así que los estados en los que caemos no pueden estropear ni de ninguna manera frenar a nuestro ser inmortal que cayó.

Tu poder creativo no cayó voluntariamente. Fue la voluntad de tu Padre que tú, su poder creativo, descienda y experimente estados. En el capítulo 8 de Romanos, Pablo nos dice: "Se hizo sujeto a futilidad, no voluntariamente, sino por voluntad de aquel que lo sometió, en esperanza". Hay unidad en Dios, pero Dios el Padre está hecho de dioses, los hijos. Así, el poder creativo de Dios cayó en división y pasa a través de estados que, en la resurrección, resultan en unidad. Como hijo del Altísimo tú puedes, en un abrir y cerrar de ojos, moverte a cualquier estado, pero lo más probable es que no te quedes allí porque un estado está compuesto por un cuerpo de creencias. Si tú pasas el día pensando desde cierta base, un cierto cuerpo de creencias, lo más probable es que te duermas esa noche en la misma creencia. Sabiendo que puedes pasar a otro estado, otro cuerpo de creencias, puedes tratar de moverte, pero debes persistir en permanecer en el nuevo estado hasta que se vuelva natural.

Hay innumerables estados y el ocupante de un estado no es mejor que el ocupante de otro, porque cada uno es un hermano en la más alta unidad y todos son uno en el cuerpo de Dios el Padre. Pero el estado, la actitud de la mente a la cual más constantemente regresas, constituye tu morada. Si vives en la autocompasión, expresarás el estado, pero al ocupar ese estado no serás menos que uno que tiene ambiciones de entrar en la Casa Blanca, o en el Vaticano como el Papa. El individuo que desea un estado ambicioso no es mayor o menor que el que no sabe que está en un estado y permanece sometido a el.

¿Cómo salir de un estado? A través de la creencia. Debes creer en la doctrina. Se te dice: "Todo lo que desees, cree que lo has recibido y lo recibirás". Los preceptos de Cristo deben ser aceptados literalmente, porque serán cumplidos literalmente. ¿Puedes creer en el precepto de que creer que ya has recibido tu deseo, lo hará surgir en tu mundo? Si es así, entonces esta noche puedes cambiar las cosas que están sucediendo en tu mundo. Y si puedes creer y persuadirte de que las cosas son como quieres que sean hasta el punto de moverte realmente hacia el sentimiento de que son ciertas, serán sentidas y vistas en tu mundo.

Debes sentir que tus deseos ya están realizados, que ya son verdaderos, porque la verdad de cualquier concepto es conocida por el sentimiento de certeza de que el pensamiento es verdadero. Asumiendo que eres el hombre o la mujer que quieres ser, sabrás que realmente lo eres por el sentimiento de certeza que inspira en ti, porque si te sientes seguro, actuarás sobre el. Si no actúas no estás convencido, porque Dios en ti es tu propia maravillosa imaginación humana y Dios está siempre actuando. Tú puedes estar físicamente incapacitado, pero estás actuando siempre en tu imaginación, que es Dios, el Padre de tu vida.

Por estados me refiero a las actitudes de la mente. El Nuevo Testamento comienza: "El tiempo se ha cumplido y el reino de Dios está cerca, arrepiéntanse y crean en el evangelio". La palabra "arrepentimiento" significa "un cambio radical de actitud". Tu actitud no necesita ser hacia otro, sino una actitud respecto a sí mismo. Si sientes que no tienes nada por lo que vivir, debes arrepentirte cambiando tu actitud radicalmente de ese estado. No te condenes por el estado en el que has caído. Si no te gusta muévete hacia otro. No te compadezcas de ti mismo, porque si lo haces, harás del estado un hábito y permanecerás allí durante el resto de tus días en la tierra. En cambio, tú puedes creer esta doctrina y salir de cualquier estado.

Permíteme ilustrar con esta historia. Un caballero que asiste a las conferencias y su esposa, se mudaron a su nuevo hogar en la playa. Queriendo hacer algo de paisajismo, invitaron a cinco paisajistas a darles ofertas. Dos ni siquiera hicieron una oferta debido a la ubicación de la propiedad, pero después de elegir uno, fueron plantados el césped y jardines, así también varios árboles. Dentro de seis meses habían muerto tres árboles. Ahora, en lugar de enfadarse y llamar al hombre, exigiendo que los árboles fueran reemplazados, mi amigo decidió poner a prueba su imaginación; así que mientras estaba sentado en su automóvil, se imaginó que estaba apoyado contra el árbol sano, mientras miraba a los tres que parecían estar muertos, pero ahora eran sanos y hermosos. Entonces un día el paisajista vino a la casa, preguntando sobre el jardín, especialmente por los árboles. Parece que sus hombres habían utilizado demasiado nitrógeno en el fertilizante, lo que causó que las raíces se quemaran. Al ver los árboles, regresó el martes siguiente y los reemplazó de forma gratuita.

Este mismo caballero compartió otra experiencia conmigo, diciendo: "Una mañana, en mi camino al trabajo, pasé por un edificio muy prominente y me dije:" Me pregunto cómo sería trabajar allí? " Sin saber nada de la compañía, jugué con la idea de que me ofrecieran un fantástico salario e incluso imaginé viendo mi nombre en la puerta de la oficina. Ese mismo día, mientras trabajaba, recibí una llamada de una agencia contratada para cubrir los puestos ejecutivos de la empresa cuyo edificio había pasado y cuyo empleo acababa de imaginar. La agencia estaba llamando para preguntar si yo consideraría trabajar para su cliente. Estaba tan sorprendido al darme cuenta de que la ley podría funcionar tan rápido, pero ahora sé que sí "

Tú no tienes que permanecer en un estado si has cometido un error. Puedes cambiar los estados por la mañana, al mediodía y por la noche, pero el estado al que más constantemente regresas constituye tu morada. Es a partir de ahí que vas a vivir y perpetuar hasta que te muevas en el pensamiento. Como Blake dijo: "El roble es cortado por el hacha y el cordero es muerto por el cuchillo, pero su forma eterna permanece para siempre y reproduce su forma externa por la semilla del pensamiento contemplativo".

El ser que realmente eres, descendió a la debilidad de la carne, haciéndote experimentar el estado en el que estás ahora. Contempla otro estado y el mismo ser que trajo tu presente forma a la existencia, restaurará y hará vivo el otro estado, el estado deseado. Esto lo seguirá haciendo hasta que su propósito se cumpla. Ese propósito es seguir un patrón determinado de regreso a la unidad del ser. Ya ves, en el principio fuimos obligados. No nos ofrecimos voluntariamente a caer en estos estados. Fuimos sometidos a futilidad, no voluntariamente sino por la voluntad de aquél que nos envió. Pero cuando regresamos descubrimos que somos el mismo ser que nos sometió. Ahora somos los hijos, destinados a regresar como Dios el Padre.

Ahora déjame compartir contigo una palabra que yo uso noche tras noche. La palabra es "David" y significa "amante; amado" pero específicamente "hermano del padre". Todos somos hermanos, pero después de mi resurrección y retorno a la unidad, David (hermano del padre) me llamó Padre. Llegará el día en que David te llamará a ti también Padre, pues él es el hermano del padre. Todos somos hermanos de la más alta unidad, predestinados a resucitar en esa unidad que se rompió en nuestra caída en división. Así que el nombre de David en el sentido más específico es "tío". Si David es el hermano del padre y cada uno de nosotros es un hermano en la caída en la división, cuando resucitamos en la unidad David es el que revela a todos como el Padre. La unidad se rompió por un propósito. El poder creativo de Dios descendió a la experiencia de los estados para llegar a ser mayor de lo que era antes del descenso. Teniendo unidad en el pensamiento, el poder creativo cayó en la división y será resucitado de regreso a la unidad del pensamiento una vez más.

Así que cuando hablo de estados estoy hablando de estados de consciencia, actitudes de la mente que crean un cuerpo de creencias. Mi hermana y mis hermanos en casa no creen en el mismo Cristo que yo, a pesar de haber nacido todos en la misma familia y de habernos criado en el mismo ambiente. Mis hermanos se llaman a sí mismos cristianos, pero su definición de Cristo difiere de la mía. Desde su estado de conciencia ellos creen en un hombre que vivió hace dos mil años, sin embargo, yo te diría que Cristo es la sabiduría y el poder creativo de Dios que desciende a estados, resucita, y regresa como el ser que lo envió. Llegará el día cuando comprendas todos estos preceptos como siendo literalmente verdaderos. Aquí hay uno que se encuentra en la primera epístola de Juan 3:2: "Ahora somos hijos de Dios y aún no se ha manifestado lo que seremos, pero sabemos que cuando él se manifieste, seremos semejantes a él". ¿Cómo lo conoceremos? Convirtiéndonos en lo que él es.

Los predicadores del mundo te dirán que cuando él venga, serás como él en carácter, en tu actitud hacia la vida. Serás amable y considerado y tendrás sus buenas cualidades, pero yo te digo: serás como aquel que está en el fondo de tu alma meditándote. Esto lo sé por experiencia.

Fue en el año 1936 cuando vi la roca que las escrituras declaran como el Dios que me dio a luz. Un día mientras estaba tranquilamente sentado en el silencio, una roca apareció repentinamente ante mi vista. Luego se dividió e igual de rápido se volvió a unir en la forma de un hombre sentado en la postura del loto, meditando profundamente. Cuando miré más de cerca descubrí que estaba viéndome a mí mismo meditando. Y entonces supe que cuando se despertara yo no podría desaparecer, sino más bien sabría que yo era él. Este llamado Neville que está frente a ti, es su emanación. Él la trajo a la existencia y aunque le cortes su cabeza un millar de veces él restaurará su forma eterna a través de la semilla del pensamiento contemplativo.

Nada deja de ser, porque todas las cosas existen en la eternidad y pueden ser traídas a la existencia por este ser meditativo, que se ve exactamente como tú, sólo que elevado a la enésima potencia de la majestad. Nunca has visto tu cara lucir tan hermosa. Nunca la has visto contener tal majestuoso poder, tal fuerza de carácter. Mirándose a sí mismo y sabiendo que no hay otro, mientras brilla como el sol tú regresas al ser que él está meditando en este mundo de mortalidad.

Cuando tengas esta experiencia no tendrás nada que ver con nadie que afirme que él o ella es Cristo. No dejarás que nadie te disuada, ya que cuando le veas serás como él. ¿Has visto alguna vez a alguien en este mundo que sea exactamente como tú? Tus hijos pueden parecerse a ti, pero si pones una foto de uno de ellos al lado de la tuya, sabrías que son fotos de personas diferentes, ¿no es cierto? Nadie tiene las mismas huellas dactilares o el mismo olor que otro. Pero cuando conozcas a la roca que te engendró y al Dios que te dio a luz, le conocerás porque serás exactamente como él.

Cuando ves a este ser en la profundidad de tu alma estás viendo al que descendió a estos estados, meditándose a sí mismo. Tú eres su emanación, su reflejo actuando los papeles que él sueña. Y cuando él despierta de su descenso y empieza a ascender, tú eres Él. No hay dos semillas de pensamiento contemplativo en la profundidad del alma que sean idénticas. Todos somos hermanos, y habiendo sido sometidos, cuando regresamos a la unidad somos Dios el Padre. Ahora ves a quién se refiere la palabra "David" – "el hermano del Padre". Dios el Padre es mi hermano, que un día se levantará y llevándome de regreso a la unidad del ser, me llamará Padre. ¡Ése es David! ¡Ése es el juego! ¡Ése es el misterio de la vida!

Ahora volviendo al principio: todo es un estado. Puedes ser cualquier hombre, cualquier mujer que quieras ser cuando entiendes el misterio de los estados. Un estado es simplemente una actitud de la mente, un cuerpo de creencias, una fase de la experiencia. Ahora bien, no seas como la luna, que cambia de un cuarto, a una mitad, a tres cuartos y luego a luna llena – o como la tierra que se repite una y otra vez estación tras estación. ¿Alguna vez has notado que en ciertas épocas del año el mismo conjunto de circunstancias te suceden? ¿Cada año está siempre muy caluroso cuando es tiempo de salir de vacaciones o siempre te encuentras sin dinero cuando se acerca la Navidad? ¿o cuando comes fresas siempre tienes un sarpullido? Todos estos son patrones creados en el mundo de los estados en el que todos vivimos.

Hay infinitos estados y combinaciones de estados en los que Dios, tu propia maravillosa imaginación humana, cae. Afortunadamente hay un límite, que llega cuando la infinita misericordia (que está dentro de ti) da un paso más allá y se despierta a sí misma y mientras lo hace, tú – el que ella puso en la tormenta – despiertas, mejorado por el descenso a estos estados. Y regresas como uno, trayendo tus dones que son el resultado de tus experiencias viajando a través de estos estados. Traes tus talentos, de los cuales el mayor es el arte del perdón, la capacidad de entrar y participar de lo contrario. Cuando ves a alguien en desesperación ¿puedes representártelo a ti mismo como a él le gustaría ser visto? ¿Y puedes convencerte a ti mismo de que lo que ves es real? En la medida en que te convenzas a ti mismo él se convertirá en ese hombre. Entonces habrás conquistado a través del perdón. Le habrás sacado de un estado y colocado en otro.

Ahora, cada acto de bondad es una muerte en la imagen divina pues en cada acto te sacrificas a ti mismo. Al darle vida a lo que ya no quieres ver, mueres a eso y vives en lo que tú quieres ver, así que cada bondad hacia otro es una muerte en la imagen divina. Al representarme a otros y persuadirme a mí mismo de que ellos son como me gustaría que fueran, en la medida en que me convenzo a mí mismo llegarán a serlo y mientras llegan a serlo yo muero a lo que anteriormente di vida. Yo vivía en lo que pensé que ellos eran y luego muero a ese pensamiento. Lo hice deliberadamente, así que yo mismo lo sacrifiqué. Tengo el poder para sacrificarlo y el poder para levantarlo otra vez. Sacrifiqué mi vida a propósito a aquello que vi y la levanté para aquello que quería ver, resucitando así a otro (que soy yo mismo) en un nuevo estado. ¿Con qué frecuencia debo hacerlo? Setenta veces siete o el tiempo que me tome convencerme de que es cierto. Cuando sacrifico mi vida por otro él es mi hermano, porque tenemos el mismo Padre. Como hermanos caemos en estados y nos resucitamos a nosotros mismos en la unidad del Padre.

Así que el mayor talento, el mayor reto a superar, es el arte del perdón. Por perdón no quiero decir un acuerdo verbal, dejando el recuerdo de lo que fue perdonado. Para perdonar completamente, debo olvidar completamente el evento. No importa lo que fue dicho, si me perdonas ni siquiera puedes recordar lo que yo hice o dije. Sólo estando dispuesto a ver lo que quieres ver, si te persuades a ti mismo de que ahora eres lo que quieres ser, has olvidado lo que eras antes. Eso es el perdón.

El verdadero perdón es completo olvido. Blake nos dice: "El arte de vivir es olvidando y perdonando". Si no perdonas completamente no puedes olvidar, porque perdonar es cambiar tu actitud hacia otro y en la medida que la cambias perdonas lo que ellos hicieron o dijeron, por lo tanto, ya no los mantienes en el estado que les obliga a hacer lo que hicieron.

Mientras permanece en un estado, el hombre debe desempeñar el papel que el estado dicta y el hombre debe interpretar cada parte. Dios en su infinita misericordia nos ha ocultado los papeles que hemos desempeñado, porque el shock sería demasiado grande si fuéramos a ver los horrores que hemos cometido mientras pasábamos a través de todos estos estados. Cuando caes en un estado no puedes evitar actuar desde esa premisa y puedes caer en cualquier estado.

No te estoy diciendo que un estado es correcto y otro equivocado. Simplemente te estoy pidiendo que juzgues todos los estados con amor. Si alguna vez tienes alguna duda siempre haz lo que contenga amor. Entonces sabrás que estás haciendo lo correcto. Si alguien se te acerca y te cuenta que quiere un trabajo, no le preguntes cómo perdió su trabajo anterior, simplemente escúchale decirte que ahora tiene un trabajo maravilloso. Haz eso y le habrás sacado del estado de desempleo y lo habrás colocado en el estado de trabajador bien remunerado.

Te insto a usar tu propio maravilloso poder creativo y deliberadamente moverte hacia el estado de tu elección. Hazlo ahora ocupando el estado el tiempo suficiente para que se sienta natural. ¿No has tenido un traje que se sentía tan nuevo que estabas consciente de él a cada momento? Sé que cuando me compré mi primer traje caminaba por la Quinta Avenida pensando que todas las personas con las que me cruzaba sabían que mi traje era nuevo. La gente que pasaba no me prestaba atención, pero yo era muy consciente, muy consciente de mi traje nuevo. Eso es exactamente lo que sucede cuando entras en un nuevo estado. Si el estado de riqueza es nuevo, crees que todo el mundo lo sabe, pero nadie sabe o le importa si eres rico o pobre, por lo tanto, camina en el estado hasta que llegue a ser natural. En el momento en que el sentimiento sea natural, la riqueza es tuya.

Pagué treinta dólares por mi primer traje. Hoy en día un traje me costaría doscientos dólares, pero sin importar el costo, cuando el traje es nuevo soy consciente de el. Pero déjame llevarlo el tiempo suficiente para sentirlo natural y ya no seré consciente de el. Lo mismo es cierto para un estado. Es posible que desees el estado de fama. Si pensaras que eres famoso y permanecieras consciente del estado el tiempo suficiente para hacerlo natural, a medida que los pensamientos fluyen de ti llegarán a ser una parte natural de tu cuerpo de creencias y entonces, el mundo proclamará tu fama.

Ahora entremos en el silencio.

GUÍA PRÁCTICA

-

EJERCICIOS PRÁCTICOS

1. Elección del Estado Ideal: Identifica un estado que deseas habitar, como "abundancia" o "paz interior". Cada noche, antes de dormir, imagina que ya vives en ese estado. Siente cómo sería tu vida desde esa perspectiva y repite este ejercicio hasta que el estado se sienta natural.

2. Cambio de Actitud en Tiempo Real: Durante el día, cuando te encuentres en una situación negativa, toma un momento para pausar y cambiar tu actitud mental. Por ejemplo, si enfrentas frustración, cambia tu pensamiento a gratitud o resolución, reafirmando: "Estoy en control de mi estado interno."

3. Práctica del Olvido Creativo: Identifica un recuerdo o experiencia negativa y reescríbela en tu mente como si hubiera sucedido de la manera que deseas. Siente profundamente esta nueva versión y repítela hasta que el recuerdo original pierda fuerza.

-

REFLEXIONES GUIADAS

1. ¿En qué estado te encuentras habitualmente? ¿Este estado te acerca o te aleja de tus metas?

2. ¿Qué estados de conciencia deseas experimentar más frecuentemente? ¿Qué creencias necesitas adoptar para habitarlos?

3. ¿Cuántas veces has permitido que circunstancias externas definan tu estado interno? ¿Cómo podrías revertir ese patrón?

-

CONCEPTOS DE PSICOLOGÍA POSITIVA

1. Cambio de Mentalidad: La psicología positiva enfatiza el "mindset shift" como una herramienta poderosa para transformar nuestra percepción del mundo y nuestras experiencias. Esto se alinea con la idea de movernos conscientemente a estados deseados.

2. Resiliencia Cognitiva: La capacidad de cambiar de estado interno a pesar de las circunstancias es una forma de resiliencia emocional, fortalecida por prácticas como la visualización y el cambio de enfoque.

3. Teoría de los Estados Florecientes: En psicología positiva, los estados de flujo y florecimiento se asocian con altos niveles de bienestar. Habitar conscientemente estados de plenitud aumenta la calidad de vida.

-

CITAS DE TEXTOS ESPIRITUALES

1. Biblia (Filipenses 4:8): "Por lo demás, hermanos, todo lo que es verdadero, todo lo honesto, todo lo justo, todo lo puro... en esto pensad." Este pasaje refuerza la idea de dirigir la mente hacia estados elevados.

2. Bhagavad Gita (Cap. 6, Verso 5): "Levántate con la mente y no te dejes caer. Uno mismo es el amigo y enemigo del alma." Esto conecta con la capacidad de elegir estados conscientemente.

3. Salmo 82:6: "Yo dije: Vosotros sois dioses, todos vosotros hijos del Altísimo." Este verso refleja la idea de que somos co-creadores con el poder de habitar estados infinitos.

-

PERSPECTIVAS DE AUTORES RELACIONADOS

1. Eckhart Tolle: En El Poder del Ahora, Tolle habla sobre cómo la conciencia presente permite trascender estados negativos y crear una realidad más alineada con el ser interior.

2. Joseph Murphy: En El Poder de tu Subconsciente, Murphy detalla cómo los estados de conciencia afectan directamente el subconsciente y moldean nuestra realidad.

3. Carl Jung: Su teoría sobre los arquetipos y el inconsciente colectivo sugiere que los estados de conciencia son influenciados por narrativas internas y pueden ser transformados al tomar conciencia de ellos.

TEMAS CLAVE

EL PODER CREATIVO DE LA IMAGINACIÓN

Según Neville Goddard, la imaginación es la esencia misma del poder creador inherente a la humanidad. No se trata simplemente de una herramienta para la fantasía o la evasión, sino de un mecanismo poderoso y fundamental que permite al individuo moldear y transformar su realidad. En su visión, la imaginación es el canal a través del cual las ideas abstractas pueden manifestarse en el mundo físico, convirtiendo lo intangible en tangible.

Goddard ilustra este principio a través de un ejemplo conmovedor: la historia de una joven que utilizó su imaginación para transformar una situación de tristeza y limitación en una experiencia completamente nueva y gratificante. En un momento particularmente difícil de su vida, la joven se encontraba en un tranvía una noche lluviosa, desbordada por la tristeza tras la pérdida de su padre. En lugar de sucumbir al dolor, decidió emplear el poder de su imaginación. Cerró los ojos y, mientras sentía la barandilla del tranvía, se imaginó que no estaba en su ciudad, sino en un barco navegando hacia la bahía de Samoa. Incluso reinterpretó el sabor salado de sus lágrimas como si fueran gotas de agua salada llevadas por el viento del mar.

Lo que inicialmente era un simple ejercicio mental tuvo repercusiones extraordinarias en su realidad. Semanas después, la joven recibió una inesperada suma de dinero de una herencia, lo que le permitió hacer realidad el viaje que había imaginado con tanto detalle. Poco tiempo después, se encontraba en un barco, navegando por la bahía de Samoa y experimentando las mismas sensaciones que había visualizado en su mente: el rocío del océano, la sal en el aire, e incluso las palabras de un hombre cercano que coincidieron con lo que ella había imaginado.

Esta historia demuestra la tesis central de Goddard: la imaginación no solo puede alterar la percepción interna, sino que también tiene la capacidad de influir en el mundo externo y materializar los deseos. A través de ejemplos como este, Goddard destaca que la imaginación, cuando se usa de manera consciente y deliberada, se convierte en la herramienta más poderosa que posee el ser humano para dar forma a su experiencia de vida. Su enseñanza desafía a las personas a reconocer y activar este poder interno para trascender las limitaciones percibidas y crear una realidad que refleje sus aspiraciones más profundas.

-

LA IDENTIDAD DE DIOS EN EL SER HUMANO

Según las enseñanzas de Neville Goddard, una de las ideas centrales y más transformadoras es la redefinición de la identidad de Dios. Para Goddard, Dios no debe ser entendido como una entidad externa, distante o separada del individuo, sino como la esencia misma de la conciencia humana. Este enfoque reconfigura la noción tradicional de divinidad, situando el poder creativo y la esencia divina directamente en el núcleo de cada ser humano.

La frase "YO SOY" ocupa un lugar central en esta enseñanza. En ella, Goddard encapsula la relación directa entre la conciencia del individuo y lo divino. "YO SOY" no solo representa una afirmación de identidad personal, sino que también actúa como un reconocimiento del poder creativo y absoluto que reside en cada persona. Cuando un individuo afirma "YO SOY", está declarando no solo su existencia, sino también su capacidad de imaginar, crear y dar forma a su realidad. Según Goddard, esta conciencia es la manifestación misma de Dios dentro del ser humano.

El impacto de este concepto es profundo, ya que redefine completamente la espiritualidad tradicional. En lugar de buscar poder o guía en una deidad externa, este enfoque invita a cada persona a mirar hacia adentro, reconociendo que todo lo que necesita ya está presente en su conciencia. Este entendimiento ofrece un cambio radical de perspectiva, trasladando el poder divino al interior del ser humano y empoderando al individuo con la capacidad de transformar su mundo.

Goddard invita a las personas a asumir la responsabilidad de su propia divinidad. Esta idea no solo les permite entender su conexión con el universo, sino que también les anima a utilizar este poder interno para moldear su vida según sus deseos y aspiraciones. Este concepto de Dios como conciencia es revolucionario porque elimina la separación entre lo humano y lo divino, revelando que el ser humano no solo está hecho a imagen de Dios, sino que lleva dentro de sí la chispa de la divinidad misma.

-

LA LEY DE LA ASUNCIÓN

Neville Goddard presenta la Ley de la Asunción como un principio fundamental para manifestar deseos en la realidad. Según Goddard, esta ley se basa en la práctica de asumir que un deseo ya está cumplido, no como una simple visualización pasiva, sino como una activación creativa que transforma la percepción del individuo y, consecuentemente, la realidad externa. Esta distinción entre "pensar desde" un estado deseado y "pensar en" él es crucial en sus enseñanzas. "Pensar desde" implica vivir emocional y mentalmente como si el deseo ya se hubiera materializado, mientras que "pensar en" simplemente contempla el deseo como algo distante o externo.

Goddard enfatiza que el poder de esta ley radica en la capacidad de sentir que el estado deseado es real, especialmente en los momentos en los que la mente está más receptiva, como al borde del sueño. Este estado, que él describe como "el estado adormecido", permite al individuo entrar en un espacio donde la imaginación puede actuar con mayor libertad y eficacia. Según Goddard, lo que se asume con profundidad emocional en este estado se imprime en la mente subconsciente y se manifiesta inevitablemente en el mundo físico.

Un ejemplo destacado en sus enseñanzas ilustra esta idea: Goddard relata cómo muchas personas han utilizado esta técnica al visualizar y sentir sus deseos como si ya estuvieran realizados justo antes de dormir. Por ejemplo, una persona que desea alcanzar un logro profesional puede imaginarse firmando un contrato importante o siendo felicitado por sus logros, sintiendo la alegría y satisfacción que acompañarían ese evento. Al persistir en esta práctica, la persona no solo "piensa en" el éxito, sino que vive internamente en el estado de éxito, lo que eventualmente lleva a su manifestación en la realidad.

La Ley de la Asunción, según Goddard, no solo transforma el deseo en una meta alcanzable, sino que también reprograma la mente para operar desde un lugar de certeza y fe en lugar de duda. Esto permite a las personas trascender las limitaciones de sus sentidos y circunstancias actuales, moviéndose hacia la vida que desean. En esencia, Goddard enseña que lo que se cree y se siente como verdadero en el interior, inevitablemente, se reflejará en el mundo exterior.

-

LA RELACIÓN ENTRE PENSAMIENTOS Y REALIDAD

En el marco de las enseñanzas de Neville Goddard, se resalta la idea de que la realidad externa es, en esencia, un reflejo directo de los pensamientos y creencias internas del individuo. Según Goddard, el mundo que cada persona experimenta es una proyección de su actividad imaginativa y mental, lo que implica que cualquier cambio en la percepción interna traerá inevitablemente una transformación en la realidad externa.

Este principio desafía las nociones tradicionales de causalidad, al afirmar que no son las circunstancias externas las que moldean la vida de una persona, sino sus propios pensamientos y sentimientos más profundos. En este sentido, los eventos y situaciones que parecen estar fuera del control del individuo no son más que expresiones de su estado mental interno.

El impacto de esta idea es significativo porque empodera al lector con una perspectiva revolucionaria: la de no ser una víctima pasiva de las circunstancias externas, sino un creador activo de su propia realidad. Goddard invita a las personas a observar sus pensamientos con detenimiento, comprender cómo están moldeando sus experiencias y tomar responsabilidad por ellos. Esta responsabilidad no se presenta como una carga, sino como una oportunidad para ejercer poder y autonomía.

En su obra, Goddard ilustra cómo, al cambiar los pensamientos negativos o limitantes por ideas positivas y expansivas, las circunstancias de la vida se transforman en consecuencia. Por ejemplo, una persona que constantemente se preocupa por la falta de recursos financieros puede cambiar su experiencia al visualizarse en un estado de abundancia y prosperidad. Este cambio interno, cuando es sostenido con convicción, se refleja en la realidad externa mediante nuevas oportunidades y resultados tangibles.

La relación entre pensamientos y realidad no solo redefine cómo las personas perciben el mundo, sino que también les proporciona las herramientas para rediseñarlo. Para Goddard, esta relación es la clave para desbloquear el verdadero potencial humano, mostrando que todo cambio comienza en el interior. Al adoptar esta perspectiva, el lector puede liberarse de la creencia en la inevitabilidad de las circunstancias externas y asumir el rol de creador consciente de su vida.

-

EL ROL DE LAS CREENCIAS

En las enseñanzas de Neville Goddard, las creencias ocupan un lugar central como el factor determinante de la experiencia humana. Según Goddard, las creencias no solo influyen en cómo las personas perciben el mundo, sino que actúan como semillas que, una vez sembradas en la mente, germinan y se manifiestan en la realidad externa. Cada pensamiento o convicción profundamente arraigada se traduce en experiencias concretas, independientemente de que estas creencias sean positivas o negativas.

Goddard explica que las creencias positivas generan resultados deseados, como éxito, amor o abundancia, mientras que las negativas también producen sus equivalentes, como fracaso, rechazo o carencias. En este sentido, las creencias funcionan como un motor silencioso pero constante que moldea la vida de cada individuo. Las personas, aunque a menudo inconscientes de ello, son responsables de los eventos que experimentan, ya que estos son reflejo directo de lo que aceptan como verdadero en su mente.

El poder de las creencias es ejemplificado por Goddard a través de historias impactantes de personas que lograron manifestar deseos aparentemente imposibles. Estas narrativas destacan la importancia de mantener una fe y convicción inquebrantables, incluso frente a circunstancias externas que puedan sugerir lo contrario. Por ejemplo, una persona enfrentada a la pobreza que decide creer con firmeza en su capacidad para prosperar, y sostiene esta creencia con sentimiento y acción imaginativa, puede encontrar oportunidades inesperadas que la lleven a un estado de abundancia.

Para Goddard, las creencias no son estáticas ni inamovibles; pueden ser modificadas mediante el uso consciente de la imaginación y la intención. Cambiar una creencia negativa por una positiva es, en esencia, plantar una nueva semilla en el terreno fértil de la mente. Esta nueva creencia, al ser nutrida con emociones y pensamientos congruentes, crece y reemplaza las experiencias indeseadas por resultados alineados con el deseo del individuo.

El impacto de este principio es profundo. Goddard no solo muestra que las personas tienen el poder de transformar sus vidas, sino que también enfatiza la responsabilidad de tomar control de sus creencias. A través de estas enseñanzas, queda claro que lo que una persona elige creer define no solo su percepción del mundo, sino también la calidad de sus experiencias. En última instancia, Goddard invita a los lectores a revisar sus creencias actuales, identificar cuáles ya no les sirven y reemplazarlas con aquellas que reflejen la vida que desean crear.

-

LA TRANSFORMACIÓN PERSONAL A TRAVÉS DEL SILENCIO

En la perspectiva de Neville Goddard, "entrar en el silencio" trasciende el concepto tradicional de la meditación y se presenta como una herramienta esencial para la transformación personal. Este acto no es simplemente una pausa en la actividad diaria o un momento de relajación, sino una invitación profunda para explorar el núcleo del ser, donde reside el verdadero poder creativo del individuo.

Para Goddard, el silencio es el espacio donde la conciencia puede liberarse de las distracciones de la razón y las limitaciones de los sentidos. En este estado, el individuo se conecta con su imaginación, permitiéndole operar sin las barreras que normalmente imponen las creencias lógicas o las percepciones sensoriales. Este proceso de entrar en el silencio abre una puerta hacia la autoexploración y la realización del potencial ilimitado que reside en cada persona.

Goddard describe el silencio como un estado en el cual la mente se vuelve receptiva y poderosa. Al aquietar los pensamientos superficiales y las preocupaciones diarias, se crea un entorno interno propicio para que la imaginación actúe como el motor creativo. En este espacio, el individuo puede visualizar y asumir la realización de sus deseos, sin la interferencia de las dudas o la incredulidad que suelen surgir cuando se confía únicamente en la razón.

En relación con la práctica, Goddard subraya la importancia de entrar en este estado de silencio con una intención clara. Al hacerlo, las personas pueden concentrarse completamente en sus deseos y utilizar la imaginación para crear la sensación de que estos ya han sido cumplidos. Este ejercicio no solo ayuda a reforzar la creencia en el cumplimiento de los deseos, sino que también activa el poder interior necesario para manifestarlos en la realidad externa.

La transformación personal a través del silencio, según Goddard, radica en la capacidad de conectarse con esta fuente de poder interior y utilizarla conscientemente. Al abandonar las restricciones del pensamiento racional y permitir que la imaginación tome el control, el individuo puede transformar su percepción de sí mismo y, en consecuencia, su experiencia de vida.

Goddard posiciona el silencio como un espacio sagrado y creativo. Es allí donde las limitaciones se desvanecen y las posibilidades se expanden, proporcionando a las personas una herramienta poderosa para redefinir quiénes son y qué pueden lograr. Al entrar en el silencio, cada individuo puede descubrir su poder inherente y comenzar a moldear una realidad que refleje sus aspiraciones más profundas.

-

EL UNIVERSO COMO UNA PROYECCIÓN INTERNA

Neville Goddard presenta una visión revolucionaria del universo, afirmando que todo lo que existe en el mundo externo no es más que una proyección directa de la mente del individuo. Este principio sugiere que la realidad que una persona experimenta está íntimamente ligada a su estado interno de conciencia, y que cualquier cambio en ese estado interno se reflejará inevitablemente en el mundo externo.

Goddard compara este proceso con la metáfora del alfarero y el barro. Así como el alfarero da forma al barro según su voluntad, el ser humano tiene la capacidad de moldear su experiencia de vida a través de sus pensamientos, creencias y emociones. La mente, en este contexto, actúa como un taller creativo, donde las percepciones internas se transforman en las formas y eventos que configuran la realidad cotidiana.

Este principio tiene profundas implicaciones para la vida práctica. Según Goddard, al reconocer que el universo es una proyección interna, el individuo adquiere la capacidad de tomar control consciente sobre su realidad. Esto significa que, en lugar de sentirse atrapado o condicionado por las circunstancias externas, cada persona puede redirigir su atención hacia su mundo interior y modificarlo para crear cambios tangibles en su entorno.

Un ejemplo clave que Goddard utiliza es la capacidad de transformar situaciones adversas mediante el cambio de percepción. Una persona que enfrenta críticas o rechazo en su entorno puede reformular mentalmente la experiencia, imaginando una versión en la que recibe elogios y aceptación. Al asumir esta nueva percepción interna, la realidad externa comienza a alinearse con esta visión reformada.

La enseñanza de Goddard enfatiza que el universo no tiene existencia independiente de la mente que lo observa. Los eventos, relaciones y circunstancias externas son simplemente espejos de los estados internos del ser. Así como el barro adopta la forma que el alfarero decide darle, la vida externa se adapta a los pensamientos y emociones predominantes en la mente del individuo.

Este principio no solo empodera al ser humano, sino que también le otorga la responsabilidad de su experiencia. Al comprender que el universo es una proyección interna, cada persona puede asumir un papel activo como creador consciente de su realidad, utilizando su mente como una herramienta para manifestar sus deseos y transformar su vida de acuerdo con su voluntad. Para Goddard, este entendimiento es clave para desbloquear el verdadero potencial del ser humano y vivir una vida de plenitud y propósito.

EL CONCEPTO DE "RECUERDA CUÁNDO"

En las enseñanzas de Neville Goddard, el concepto de "Recuerda Cuándo" se presenta como una técnica poderosa para transformar la realidad personal. Esta práctica invita al individuo a utilizar su imaginación para recordar un estado pasado no deseado, desde la perspectiva de alguien que ya ha superado esa condición y ha alcanzado el estado deseado. Al hacerlo, la mente asume que el cambio ya se ha producido, consolidando el nuevo estado como una realidad presente.

Goddard explica que esta técnica funciona al posicionar al individuo en el lugar de quien ya ha logrado sus objetivos. Por ejemplo, en lugar de enfocarse en una enfermedad actual, el practicante puede imaginarse diciendo: "Recuerdo cuando estaba enfermo", implicando que ahora disfruta de perfecta salud. Este cambio sutil pero significativo en la percepción permite que el estado deseado se convierta en la nueva realidad mental, que eventualmente se manifestará en el mundo externo.

La esencia del método "Recuerda Cuándo" radica en el poder del lenguaje interno y la visualización. Al adoptar este enfoque, las personas reprograman su subconsciente para alinearse con su objetivo deseado. Esto no solo cambia cómo perciben su situación actual, sino que también influye en las circunstancias externas, que comienzan a reflejar este nuevo estado mental.

Goddard ilustra esta técnica como un puente entre el presente y el futuro deseado. Al visualizarse desde un punto de vista en el que el problema ya está resuelto, el individuo crea una sensación de certeza y logro que se manifiesta como un cambio tangible. Este enfoque permite superar las limitaciones actuales al desviar la atención de lo no deseado hacia la realización de lo deseado.

El concepto "Recuerda Cuándo" ofrece una herramienta accesible para cualquiera que busque cambiar su vida. Con un enfoque simple pero efectivo, Goddard demuestra que no es necesario luchar contra las circunstancias actuales. En cambio, al reformular mentalmente la experiencia desde el estado deseado, el individuo puede activar un proceso creativo que transforma su realidad. Este método subraya el poder de la imaginación consciente y refuerza la idea central de que el pensamiento dirige y define la experiencia humana.

-

LA NATURALEZA ILUSORIA DEL TIEMPO Y EL ESPACIO

En las enseñanzas de Neville Goddard, el tiempo y el espacio no son realidades absolutas, sino constructos ilusorios que la mente humana utiliza para organizar sus experiencias. Según Goddard, todo lo que puede ser experimentado ya existe en un estado eterno dentro de la imaginación, y la conciencia humana tiene el poder de moverse entre estos estados para manifestar diferentes realidades.

Goddard explica que la percepción del tiempo como una línea continua, con un pasado fijo y un futuro incierto, es una limitación impuesta por la mente racional. En cambio, propone que todos los eventos posibles existen simultáneamente, como estados o realidades potenciales, esperando ser activados por la atención y el enfoque consciente. De este modo, el tiempo se convierte en una herramienta flexible que permite al individuo experimentar diferentes versiones de la realidad, dependiendo de dónde decida centrar su conciencia.

El espacio, en la misma línea, es descrito como un reflejo de las limitaciones percibidas en la mente humana. Para Goddard, el espacio no separa realmente a las personas o eventos, ya que todo está conectado dentro de la imaginación universal. Al asumir un estado deseado con suficiente intensidad y claridad, la mente trasciende las limitaciones del espacio, acercando el deseo al individuo sin importar las aparentes barreras físicas.

Este concepto desafía las nociones convencionales al sugerir que la realidad no está determinada por fuerzas externas, sino por la capacidad interna de moverse entre estados imaginarios. Por ejemplo, una persona puede imaginarse en un futuro deseado, logrando un objetivo o experimentando una situación anhelada, y al hacerlo, activa ese estado en su conciencia. Según Goddard, este movimiento interno es suficiente para iniciar un cambio en la realidad externa, haciendo que los eventos necesarios para cumplir el deseo se alineen y ocurran en el tiempo físico.

La propuesta de Goddard redefine la experiencia humana, posicionando a cada individuo como un creador consciente que puede trascender las restricciones percibidas del tiempo y el espacio. Al comprender que todas las posibilidades ya existen y que la imaginación es la herramienta para acceder a ellas, el ser humano puede experimentar una libertad sin precedentes para diseñar y vivir la vida que desea.

La naturaleza ilusoria del tiempo y el espacio revela que no son barreras insuperables, sino facetas moldeables de la percepción humana. Goddard invita a las personas a reconocer este poder interno, utilizando su imaginación para navegar entre estados y transformar sus vidas desde un nivel profundo y consciente.

-

LA FE COMO ELEMENTO TRANSFORMADOR

Neville Goddard posiciona la fe como un elemento fundamental y dinámico en el proceso de transformación personal. Según sus enseñanzas, la fe no es una actitud pasiva de espera, sino una fuerza activa y poderosa que, cuando se aplica con determinación y confianza, tiene la capacidad de "mover montañas" y superar cualquier limitación aparente. Para Goddard, la verdadera fe no es solo una creencia abstracta en algo externo, sino una certeza interna en el poder de la imaginación como la manifestación del mismo Dios.

Goddard enfatiza que la fe activa no se basa en evidencias tangibles o en lo que los sentidos perciben, sino en una convicción inquebrantable en la realidad de lo que se desea, incluso cuando todas las circunstancias externas parecen contradecirlo. Este tipo de fe requiere que la persona asuma mental y emocionalmente que su deseo ya está cumplido, viviéndolo internamente como si fuera un hecho presente. Según Goddard, este acto de creer con firmeza en la imaginación activa el poder creativo que reside dentro de cada individuo, permitiendo que lo imaginado se manifieste en el mundo físico.

En sus enseñanzas, Goddard relaciona la fe con la percepción de la propia imaginación como la expresión de lo divino. Al reconocer que la imaginación es Dios en acción, el individuo se da cuenta de que tiene acceso a un poder ilimitado capaz de trascender cualquier restricción. Por ejemplo, una persona que enfrenta dificultades aparentemente insuperables puede utilizar su fe para visualizar y sentir un resultado diferente, confiando en que esta visión interior tiene el poder de moldear su experiencia externa.

El impacto de esta comprensión es profundo. La fe, para Goddard, se convierte en una herramienta transformadora que libera al individuo de la dependencia de factores externos y lo capacita para tomar control consciente de su destino. Al ejercer la fe en su propia capacidad para crear y superar obstáculos, cada persona puede redefinir su vida según sus deseos y aspiraciones.

Además, Goddard insiste en que la fe es un principio universal que funciona independientemente de las circunstancias o creencias personales. Lo único necesario es la voluntad de actuar desde un lugar de convicción, confiando en que lo que se imagina es más real y poderoso que las apariencias externas. Esta visión redefine el papel de la fe en la vida cotidiana, alejándola de un acto de devoción ciega y transformándola en un proceso intencional y creativo.

Para Neville Goddard, la fe es el puente entre lo que se desea y lo que se experimenta. Es el catalizador que activa el poder de la imaginación, permitiendo a cada individuo superar cualquier limitación y vivir plenamente como creador consciente de su propia realidad.

CONCLUSIÓN

Resumen de los Principios Fundamentales

1. El Poder Creativo de la Imaginación
   - La imaginación es la fuerza creadora que moldea la realidad. Al visualizar con claridad y sentir que un deseo ya está cumplido, este se manifiesta en el mundo externo.

2. La Identidad Divina del Ser Humano
   - "YO SOY" es la conexión directa entre la conciencia del individuo y lo divino. Reconocer esta identidad permite al ser humano ejercer su poder creador.

3. La Ley de la Asunción
   - Al asumir que un estado deseado ya es real, se activa un cambio interno que transforma la experiencia externa.

4. La Relación entre Pensamientos y Realidad
   - La realidad externa es un reflejo directo de los pensamientos internos. Cambiar las creencias y percepciones internas altera las circunstancias externas.

5. La Fe como Elemento Transformador
   - La fe, cuando se ejerce con determinación, activa el poder creativo de la imaginación, permitiendo superar cualquier limitación.

6. La Naturaleza Ilusoria del Tiempo y el Espacio
   - Todo lo que se desea ya existe en un estado eterno. La conciencia tiene el poder de moverse entre estos estados para manifestar una nueva realidad.

7. "Recuerda Cuándo"
   - Esta técnica permite asumir el estado deseado al imaginar desde la perspectiva de que ya se ha logrado, reprogramando la mente para aceptar esta nueva realidad.

PLAN DE ACCIÓN PARA LA APLICACIÓN DIARIA

1. Definir un Deseo Claro
   - Reflexiona sobre lo que realmente deseas en un área específica de tu vida (salud, relaciones, finanzas, carrera, etc.).
   - Escríbelo en términos positivos y presentes. Ejemplo: "Vivo en perfecta salud" o "Disfruto de un trabajo gratificante y bien remunerado".

2. Practicar la Ley de la Asunción
   - Antes de dormir, imagina con detalle que ya estás viviendo el estado deseado.
   - Siéntelo como real: visualiza las escenas, escucha las voces, percibe las emociones asociadas a tu logro.
   - Permanece en esta experiencia hasta quedarte dormido.

3. Reprogramar Creencias con "Recuerda Cuándo"
   - Adopta la perspectiva de que el cambio ya ocurrió. Por ejemplo: "Recuerdo cuando estaba buscando empleo; ahora tengo el trabajo de mis sueños".
   - Repite este ejercicio diariamente para reforzar el estado deseado.

4. Observar y Reajustar Pensamientos
   - Toma conciencia de tus pensamientos a lo largo del día. Si detectas creencias negativas o limitantes, cámbialas deliberadamente.
   - Sustituye pensamientos como "Esto es difícil" con afirmaciones como "Todo es posible para mí".

5. Entrar en el Silencio
   - Dedica 10-15 minutos al día para "entrar en el silencio". Cierra los ojos, respira profundamente y enfócate en la sensación de paz interior.
   - Usa este estado para conectar con tu imaginación y visualizar tu estado deseado.

6. Persistir con Fe
   - Confía en que tus deseos están en camino, independientemente de lo que digan las circunstancias externas.
   - Evita preocuparte por el "cómo" se cumplirán; simplemente mantén la certeza de que ya son reales.

7. Reconocer Manifestaciones
   - A medida que los cambios comiencen a manifestarse, identifica los resultados como producto de tus esfuerzos conscientes.
   - Agradece cada logro, grande o pequeño, para reforzar tu confianza en el proceso.

GLOSARIO DE CONCEPTOS CLAVE

1. Imaginación
- La capacidad interna de visualizar y sentir algo como real, que actúa como la fuerza creadora principal para moldear la realidad.

2. YO SOY
- La afirmación de la identidad divina del ser humano; representa la conciencia y el poder creativo dentro de cada persona.

3. Ley de la Asunción
- El principio de asumir que un deseo ya está cumplido para que este se manifieste en la realidad externa.

4. "Recuerda Cuándo"
- Una técnica para imaginar desde la perspectiva de que ya se ha alcanzado un estado deseado, recordando el tiempo antes de lograrlo.

5. Fe
- La convicción interna y activa en que lo que se imagina o desea se hará realidad, independientemente de las circunstancias externas.

6. Entrar en el Silencio
- Un estado meditativo donde se calma la mente, se trascienden las distracciones externas y se utiliza la imaginación de manera consciente.

7. Proyección Interna
   - La idea de que el mundo externo es un reflejo directo de los pensamientos y creencias internas del individuo.

8. Estados
   - Posibilidades o versiones de la realidad que ya existen en la imaginación y que pueden activarse mediante la atención consciente.

9. Causalidad Interna
   - El principio de que todo lo que ocurre en la vida es causado por los pensamientos, creencias y emociones del individuo.

10. La Naturaleza Ilusoria del Tiempo y el Espacio
   - La percepción de que tiempo y espacio son constructos mentales, ya que todo existe simultáneamente en el presente eterno de la imaginación.

11. Transformación Personal
   - El proceso de cambiar la realidad externa al transformar los pensamientos, creencias y percepciones internas.

12. Poder Creativo del Ser Humano
   - La capacidad inherente en cada persona para dar forma a su vida a través del uso consciente de su imaginación.

13. Movimiento Interno
   - Cambiar intencionalmente la percepción interna para activar un nuevo estado o experiencia en la realidad externa.

14. Persistencia

- Mantener la fe y la convicción en el estado deseado, incluso cuando las circunstancias externas no muestren evidencia inmediata.

15. Manifestación

- El resultado tangible de aplicar los principios de la imaginación y la fe, logrando que los deseos se conviertan en realidad.

LECTURAS RECOMENDADAS

1. "El Poder de la Mente Subconsciente" – Joseph Murphy
   - Este libro complementa las enseñanzas de Neville al explorar cómo el subconsciente responde a los pensamientos y emociones para manifestar deseos.

2. "La Ciencia de Hacerse Rico" – Wallace D. Wattles
   - Una obra clásica que combina principios metafísicos y prácticos para atraer abundancia y éxito, alineándose con la idea de la imaginación como poder creador.

3. "Piense y Hágase Rico" – Napoleon Hill
   - Este libro ofrece un enfoque sistemático para alcanzar metas, destacando la fe y la visualización, en línea con los principios de la Ley de la Asunción.

4. "Tú Eres el Universo" – Deepak Chopra y Menas Kafatos
   - Una exploración de cómo la conciencia humana define y da forma al universo, resonando con la idea de que el mundo externo es una proyección interna.

5. "El Secreto" – Rhonda Byrne
   - Presenta la Ley de la Atracción, que guarda similitudes con las enseñanzas de Neville sobre el poder de la fe, la visualización y los pensamientos positivos.

6. "Usted Puede Sanar Su Vida" – Louise L. Hay
   - Una guía para transformar la vida mediante afirmaciones positivas y la identificación de patrones mentales limitantes.

7. "Un Curso de Milagros" – Foundation for Inner Peace

   - Este texto espiritual ofrece una profunda comprensión de la conexión entre el pensamiento y la realidad, destacando el papel de la fe y el perdón.

8. "Los Cuatro Acuerdos" – Don Miguel Ruiz

   - Una guía práctica para cambiar creencias limitantes y vivir en armonía, apoyando la idea de asumir un estado mental consciente y transformador.

9. "Metafísica 4 en 1" – Conny Méndez

   - Un enfoque práctico de la metafísica que refuerza los conceptos de visualización, afirmaciones y creación consciente de la realidad.

10. "La Ley y la Promesa" – Neville Goddard

   - Este libro del propio Neville profundiza en su enseñanza sobre cómo la imaginación crea la realidad, ofreciendo ejemplos y ejercicios prácticos.

CRONOLOGÍA DE LA VIDA DE NEVILLE GODDARD

1905:

- Neville Lancelot Goddard nació el 19 de febrero en St. Michael, Barbados, en el seno de una familia británica. Es el cuarto hijo de una familia de nueve varones y una niña.

1922:

- A los 17 años, Neville se muda a la ciudad de Nueva York para estudiar teatro. Trabaja como actor y bailarín en el escenario y en películas mudas, actuando en Broadway, en películas mudas y haciendo giras por Europa con una compañía de danza.

1923:

- Neville se casa brevemente con Mildred Mary Hughes. Tienen un hijo, Joseph Goddard, nacido en 1924.

1929:

- Neville marca este año como el inicio de su viaje místico. Recuerda una experiencia espiritual: "Fui llevado en espíritu al Consejo Divino donde los dioses conversan".

1931:

- Después de años de estudiar lo oculto, Neville conoce a su maestro Abdullah, un hombre negro con turbante y de ascendencia judía. Trabajan juntos durante cinco años en la ciudad de Nueva York.

1938:

- Neville comienza su propia carrera como docente y conferenciante, compartiendo sus conocimientos místicos.

1939:
- Neville publica su primer libro, A Tus Órdenes.

1940-1941:
- Neville conoce a su segunda esposa, Catherine Willa Van Schumus .

1941:
- Neville publica su segundo libro, Tu Fe es tu Fortuna.

1942:
- Neville se casa con Catherine y tienen una hija, Victoria, más tarde ese mismo año. También publica Libertad Para Todos: una aplicación práctica de la Biblia.

1942-1943:
- De noviembre a marzo, Neville sirve en el ejército y luego regresa a Greenwich Village, Nueva York. En 1943, aparece un perfil suyo en The New Yorker.

1944:
- Neville publica Sentir es el Secreto.

1945:
- Neville publica Plegaria: El Arte De Creer.

1946:
- Neville conoce al filósofo Israel Regardie , quien lo perfila en El romance de la metafísica. También publica un panfleto, La Búsqueda.

1948:
- Neville imparte sus famosas conferencias "Cinco Lecciones" en Los Ángeles, que luego se publican póstumamente como libro.

1949:

- Neville publica Fuera de este Mundo: Pensar en cuarta dimensión.

1952:

- Neville publica El Poder de la Conciencia.

1954:

- Neville publica Imaginación Despierta.

1955:

- Neville comienza a presentar programas de radio y televisión en Los Ángeles.

1956:

- Neville publica Semilla y cosecha: Una visión mística de las Escrituras.

1959:

- Neville experimenta un profundo evento místico, describiéndolo como un renacimiento de su propio cráneo, seguido de otras experiencias místicas.

1960:

- Neville lanza un álbum de palabra hablada.

1961:

- Neville publica La Ley y La Promesa. El capítulo final, "La Promesa", detalla la experiencia mística de 1959 y las experiencias posteriores.

1964:

- Neville publica el panfleto Rompe la Cáscara: Una Lección En Las Escrituras.

1966:

- Neville publica su último libro completo, Resurrección, que describe su visión mística y el potencial de la humanidad para realizar su naturaleza divina.

1972:

- Neville muere el 1 de octubre a los 67 años en West Hollywood, al parecer de un ataque cardíaco. Está enterrado en la parcela familiar en St. Michael, Barbados.

ACERCA DE LOS AUTORES

Neville Goddard

Fue un pensador místico profundo e influyente del siglo XX. Sus enseñanzas se centraban en el concepto radical y empoderador de que la imaginación humana es la verdadera manifestación de Dios. Creía que todo en la vida de una persona, ya sea positivo o negativo, es resultado de sus pensamientos, sentimientos y estados imaginativos.

La infancia de Neville estuvo marcada por su crianza en Barbados, donde nació en 1905 en una familia anglicana. A los 17 años, se mudó a la ciudad de Nueva York en 1922 para dedicarse al teatro. Aunque alcanzó el éxito como actor y bailarín, actuando en Broadway y en películas mudas, su vida dio un giro radical a principios de la década de 1930. Dejó atrás su carrera de actor para sumergirse en el estudio de la metafísica.

Bajo la influencia de su mentor, Abdullah, una misteriosa figura de ascendencia africana y judía, Neville comenzó a explorar principios espirituales profundos que combinaban el cristianismo con el misticismo. Se embarcó en una carrera como escritor y conferenciante, utilizando su carisma e intelecto para dar charlas impactantes en iglesias metafísicas, centros espirituales y lugares públicos. Sus enseñanzas se centraban especialmente en el poder del pensamiento y la imaginación como la fuerza creativa suprema.

A pesar de no alcanzar una fama generalizada durante su vida, la influencia de Neville ha crecido significativamente desde su muerte en 1972. Sus obras, en particular sus libros como Sentir Es El Secreto, El Poder De La Conciencia y La Ley y La Promesa, ahora se consideran precursores de las ideas modernas sobre la mecánica cuántica y el poder de la conciencia para dar forma a la realidad.

Las ideas de Neville también han inspirado a pensadores y autores espirituales contemporáneos, entre ellos Carlos Castaneda y Joseph Murphy, quienes desarrollaron temas similares en sus propias obras. Hoy en día, sus enseñanzas son ampliamente consideradas como atemporales y siguen atrayendo a un público cada vez mayor que busca aprovechar el potencial creativo de la mente.

Imaginatio Divina Editorial

Creemos que el poder de la creación reside en cada uno de nosotros. Inspirados por las profundas enseñanzas de Neville Goddard, promovemos la transformación de la vida a través del poder de la imaginación y la conciencia. Nuestra editorial se dedica a publicar obras que revelan la capacidad innata de los individuos para dar forma a su realidad a través del pensamiento consciente y la fe interior. Cada libro, cada palabra, tiene como objetivo guiar a los lectores hacia el descubrimiento de su naturaleza divina y su poder creativo, en línea con la filosofía de que "la imaginación es Dios en acción".